삶에서
은혜 받는

주기도문

삶에서 은혜 받는 주기도문

초판 발행	2017년 6월 8일
초판 3쇄	2020년 7월 27일
지은이	채경락

발행처	도서출판 생명의 양식
등록번호	서울 제22-1443호(1998년 11월 3일)
주소	06593 서울시 서초구 고무래로 10-5 (반포동)
전화	02-533-2182
팩스	02-533-2185
홈페이지	www.edpck.org

북디자인	노성일 designer.noh@gmail.com

ISBN	979-11-6166-006-6 (04230)
	978-89-88618-94-3 (세트)

책값은 뒷표지에 있습니다.

이 책은 저작권법에 의해 보호를 받는 출판물입니다.
기록된 형태의 출판사의 허락이 없이는 무단 전재와 복제를 금합니다.

이 도서의 국립중앙도서관 출판예정도서목록(CIP)은
서지정보유통지원시스템 홈페이지(http://seoji.nl.go.kr)와
국가자료공동목록시스템(http://www.nl.go.kr/kolisnet)에서
이용하실 수 있습니다. (CIP 제어번호: CIP 2017013024)

삶에서 은혜 받는 주기도문

채경락 지음

생명의 양식
THE BREAD OF LIFE

추천의 글

타성에 젖어 주기도문을 주문처럼 외우는 교인들에게 알아듣기 쉽게 그 뜻을 전달해주는 사람을 기다려 왔다. 여기 설교학자 채경락 교수가 있다. 그는 코이네 헬라어를 사용하듯이 주님이 가르쳐주신 기도의 참 뜻을 일상의 언어와 살가운 개인적 이야기들과 예화들을 통해 차지게 풀어내고 있다. 술술 읽혀지는 탁월한 가독성에 무릎을 치게 만드는 재치와 번뜩이는 통찰력은 읽는 내내 즐거움과 기쁨을 가져다주었다. 무엇보다 제대로 기도하고 싶은 마음이 동하게 되었다. 설교학자가 쓴 주기도문 해설은 일상에서 삶으로 드리는 기도이기에 충분하다. 그래서 제목도 삶은 주기도! 각 장마다 덤으로 "생각할 거리"까지 제공하니 이보다 더 좋을 수 없는 탁월한 그룹토의 교재이기도 하다.

류호준 교수 (백석대학교 신학대학원)

우리의 기도는 삶이어야 한다. 삶의 자세여야 한다. 그리고 그 삶은 주님께서 가르쳐주신 기도대로 나아가야 한다. 필자의 주기도 해설에는 삶이 묻어나온다. 이 책을 읽고 있노라면 주기도가 우리의 일상에 내려앉는 느낌이 든다. 그래서 그의 글을 읽으면 주기도가 쉽게 이해된다. 분석적이 아니라고 했지만 삶에 대한 묵상으로 주기도가 분석되고 있다. 그래서 깊다. 삶의 그림들 속에서 주기도에 대한 설교들이 터져 나온다. 그래서 풍성하다. 주기도로 삶을 열어나가고, 삶으로 주기도를 이해하기에 정말 좋은 책이다.

김성수 교수 (고려신학대학원)

묵상의 언어로 풀어낸 주기도 여행 안내서다. 저자의 다른 책들이 그러하듯, 신선한 감동과 잔잔한 열정의 향내가 나는 따뜻한 복음 온천으로 힐링을 원하는 독자들을 초대한다. 복잡한 내용을 전략적으로 분석하여 쉽고 명료하게 풀어내는 필력을 갖춘 저

자의 왕성한 활동을 더 기대하고 응원한다. 이 책을 통해 탄식, 비전, 헌신, 고백이 어우러져 하나님 나라를 섬기고 누리는 '주기도인'(主祈禱人)이 많아지기 바란다.

송영목 교수 (고신대학교 신학과)

프롤로그   11

1 하늘에 계신 우리 아버지   17
2 아버지의 이름이 거룩히 여김을 받으소서   33
3 아버지의 나라가 임하소서   51
4 아버지의 뜻이 이루어지소서   67
5 오늘 우리에게 일용할 양식을 주소서   85
6 우리 죄를 용서하여 주소서   101
7 우리를 죄와 악에서 구하소서   119
8 주기도인은 누구인가?   135

에필로그   147

❖
일러두기

이 책에 인용된 성경 본문은 필자가 의역한 본문 외에는
개역개정 성경전서를 사용하였습니다.
다른 번역본을 사용했을 경우 별도로 표기하였습니다.

프롤로그

프롤로그

주기도로 떠나는 여행

'콩 기도'라고 들어보았는지. 남자 친구가 맞선을 보러간 애타는 여인이 있었다. 남자가 워낙 효자인지라, 어머니 명이라면 거절을 못하는 너무 착한 아들인지라, 멀쩡히 여자 친구가 있음에도 불구하고 결국 선을 보러 나갔다. 홀로 남은 여자 친구는 속만 타들어가고, 이 길고 긴 하루를 어떻게 보내야 할까. 기도를 해야겠는데, 어떤 말로 어떻게 기도해야 할지 막막하기만 하다. 경험해 본 사람은 알지만, 정말로 답답하면 기도도 잘 안 나온다. 그저 주여… 주여… 속은 타들어가고, 하나님께 무슨 말을 해야 할지 모르겠다.

그래서 부엌으로 가서 콩을 한 줌 꺼내왔단다. 검은 콩을 한 움큼 쥐고는 방으로 돌아와 방바닥에 털썩 주저앉았다. 그러곤 기도를 시작하는데, 주기도 한 번 하고 콩 한 알을 이쪽으로 옮기고, 또 주기도 한 번 하고 또 콩 한 알을 이쪽으로 옮기고. 그렇게 콩이 이쪽으로 다 옮겨오면, 다시 주기도 한 번 드리고 콩 한 알을 저쪽으로 옮기고. 또 주기도 한 번 하고는 또 콩 한 알을 저쪽으로 옮기고. 그렇게 하루 종일 콩이 이쪽으로 왔다가 저쪽으로 갔다가 했단다. 이름 하여, 콩 기도다. 주기도의 용도가 참 넓다.

그리스도인은 기도인이다. 기도하는 사람이 그리스도인이고, 그리스도인이라면 모름지기 기도한다. 그런데 생각보다 기도란 게 쉽지가 않다. 대중연설을 청산유수처럼 잘 하는 사람도, 기도 앞에만 서면 어쩔 줄을 모르는 경우가 많다. 그래서 기도도 배워야 한다. 이 땅에 무언가 제대로 하려면 배워야 하는 것들이 많은데, 기도도 그러하다. 특히 제대로 기도하려면 배워야 한다. 그래서 주님이 기도를 가르치신다. 너희는 이렇게 기도하라.

주기도의 세계로 여행을 떠나려 한다. 재미난 여행이 되기를 바라고, 의미 있는 여행이 되기를 바란다. 무엇보다 유익한 여행이 되기를 바란다. 여행을 마무리할 무렵 우리의 기도가 더욱 기도다워지기를 바란다. 혹 그 콩 기도의 결과가 궁금한가? 두 분 결혼해서 행복하게 잘 살고 있다. 주기도는 힘이 있다. 물론 주기도를 이런 식으로 사용하라는 의미는 아니다. 그분은 워낙 절박한 마음에 주기도의 의미를 제대로 마음에 새기지도 못한 채 어쩌면 주문처럼 외웠는지도 모른다. 그건 주기도의 바람직한 기도법이 아니다.

주기도는 한 간구, 한 문장 그 의미를 충분히 마음에 새기면서 기도해야 한다. 주기도에 관한 많은 책들이 이미 나와 있지만, 이렇게 또 하나의 주기도 해설서를 내놓은 이유다. 주기도는 모든 기도의 원형으로서, 기독교적 기도를 집약하는 설계도와 같다. 크기는 자그마하지만 거대한 기도의 나무를 품은 씨앗과도 같다. 한두 권의 책으로 그 깊이를 다 가늠할 수 없고, 책이 두껍다 해서 해결될 문제도 아니다. 주님이 오시는 그날까지 새로운 묵상과 새로운 접근은 계속될 것이다.

이 책은 주기도의 의미를 읽되, 분석적인 언어보다는 묵상의 언어로 읽으려 했다. 신학적인 내용도 묵상의 언어로 풀려고 노력하였다. 분석적인 글이 많이 나와 있기 때문이기도 하지만, 주기도가 담고 있는 메시지를 풀어내기에는 분석보다 묵상이 더 적합하다고 생각했기 때문이다. 묵상이 그렇듯이 삶의 언어와 잇닿아 있다. 신학적 분석보다는 삶 속 그림을 찾으려 했다. 글의 시작이 설교였기에, 구성 면에서는 설교의 흐름을 많이 가지고 있다. 한 편의 설교를 읽듯이 읽어주면 좋겠다. 부디 이 작은 책이 깊고도 풍성한 주기도의 세계로 들어가는 작지만 의미 있는 또 하나의 길이 되기를 바란다.

지면을 빌려, 부족한 사람을 믿고 좋은 기획을 해준 박신웅 목사에게 감사를 드린다. 편집으로 수고한 이창호 목사의 수고에도 감사하고, "삶은 주기도문"이라는 깊고도 재치 있는 제목을 달아준 김홍일 목사에게 감사한다. 집에서도 늘 컴퓨터 앞에만 앉아 있는 나를 인내해주는 사랑하는 아내와 아이들에게 미안함과 감사를 표한다. 무엇보다 마음은 너무나 옹졸하고 삶은 너무나 볼품없는 사람을 글로써나마 쓰임 받게 하시는 하나님께 영광을 돌린다.

1

하늘에 계신 우리 아버지

하늘에 계신 우리 아버지여
이름이 거룩히 여김을 받으시오며
나라가 임하시오며
뜻이 하늘에서 이루어진 것 같이
땅에서도 이루어지이다
오늘 우리에게 일용할 양식을 주시옵고
우리가 우리에게 죄 지은 자를 사하여 준 것 같이
우리 죄를 사하여 주시옵고
우리를 시험에 들게 하지 마시옵고
다만 악에서 구하시옵소서
(나라와 권세와 영광이 아버지께 영원히 있사옵나이다) 아멘

(마 6:9-13)

1
하늘에 계신 우리 아버지

하나님은 나의 아버지

하늘에 계신 우리 아버지! 시작이 반(半)이라고 했던가, 주기도의 경우는 정말로 시작이 반이다. 아니, 반도 넘는다. 이 구절이 우리에게 주어진 순간 우리의 모든 것이 변한다. 하나님을 아버지로 부르고 있지 않은가. 이보다 놀라운 변화가 있을까. 하나님을 아버지로 부른다는 것은, 내가 하나님의 자녀가 된다는 의미인데, 이보다 큰 변화, 이보다 영광스러운 변화가 있을까! 주기도 첫 마디가 우리의 신분을 변화시켜놓는다.

아버지

주기도란 무엇일까? 아래 빈칸을 채울 말은 무엇일까?

주기도 = 주님이 _____ 기도

흔히들 주님이 '가르치신' 기도로 풀이한다. 당연한 정답이고, 가장 어울리는 이름이다. 제자들이 기도를 가르쳐 달라고 주님께 요청하였고, 주님은 그 요청에 응하여 주기도를 가르쳐 주셨다. 그러니 당연히 주기도는 주님이 가르치신 기도다. 그런데 내막을 알면 주기도는 단지 주님이 가르치신 기도가 아니다. 주님이 허락하신 기도요, 주님이 선물하신 기도다. 하나님을 아버지라고 부르라고 가르치기도 하셨지만, 좀 더 깊이 생각하면 '허락하신' 것이다. 심지어 하나님을 우리의 아버지로 '선물하신' 것이다. 그게 주기도다. 받은 것은 기도문인데, 열고 보니 아버지가 나에게로 왔다.

개인적으로 홍길동 이야기를 예사롭게 보지 않는다. 길동이는 참 서러운 인생을 살았다. 아버지를 아버지라 부르지 못하고, 형을 형이라 부르지 못했다. 출생이 비천했기 때문이다. 신분 사회에서 서출은 온전한 자식이 아니었다. 그래서 아버지를 아버지라고 부르지 못하고, 대신 나리, 혹은 대감마님이라고 불러야 했다. 서러운 서출이니까. 그런데 어느 날 대감마님이 길동이를 부르더니, 부드러운 목소리로 이러신다. "길동아, 나를 아버지라고 한 번 불러보아라." 길동이의 가슴이 얼마나 벅차올랐을까. 나리께서 아버지라 부르라고 하신다. 길동아, 호부호형을 허하노라. 필시 새로 태어나는 기분이었을 것이다.

주기도는 하나님이 우리에게 호부를 허락하는 기도다. "아무개야, 나를 아버지라고 한 번 불러보아라." 지금까지 우리는 하나님을 아버지라고 부르지 못했다. 아니, 하늘 아버지의 존재조차 몰랐다. 길동이와 아버지 사이에 신분의 벽이 있었다면, 우리와 하나님 아버지 사이에는 무지(無知)의 벽이 있었다. 우리는 아버지의 존재 자체를 몰랐다. 육신의 아버지만 있는 줄 알았고, 심지어 원숭이의 후손이라고 생각했다. 그런데 주기도가 우리에게 아버지를 소개한다. 우리에겐 영광스러운 출생의 비밀이 있었다. 출생의 비밀은 아침 드라마에만 있는 게 아니다. 행복하고도 가슴 벅찬 출생의 비밀이 우리에게 있으니, 우리에게 거룩하고 존귀하신 아버지가 계신다. 주기도는 그간 모르고 살았던 아버지를 되찾아 준다.

우리가 하나님을 아버지라 부르지 못한 더 근본적인 이유는 죄(罪)의 장벽이다. 하나님을 아버지라고 부르지 못한 이면에는 무지의 장벽도 있지만, 더 근본에는 죄의 장벽이 놓여 있었다. 눈에 보이지 않지만, 견고하고도 아득한 난공불락의 장벽이다. 길동이를 가로막았던 신분의 벽보다 더 견고한 죄의 벽이 우리가 하나님께로 나아가는 길을 원천봉쇄한다. 하나님이라 부를 수는 있어도, 아버지라 부를 수는 없다. 거룩하신 분이라고는 부를 수 있지만(더러운 귀신도 그렇게 불렀다), 감히 아버지라고 부를 수는 없다. 우리는 죄인이고, 하나님은 거룩하신 하나님이시기 때문이다. 그런데 감사하게도 하나님은 주기도를 통해 우리에게 호부를 허락하신다. "아무개야, 나를 아버지라고 한 번 불러보아라."

  기도하는 걸 힘들어하는 이들이 많은데, 내막을 알면 기도는 참으로 영광스러운 일이다. 하지 말라고 뜯어 말려도 해야 할 게 주기도다. 존귀하고 거룩하신 하나님을 향하여, 아버지! 아버지라는 호칭은 단지 글자가 아니다. 부르는 이에겐 영광스러운 특권이다. 나도 아이가 있어서, 아버지란 이름이 가진 힘을 조금은 안다. 이 이름 속에는 거부하기 어려운 묵직한 힘이 있다. "아빠, 이거 좀 해주세요." 특히 딸아이가 아빠, 하면 거의 저항불능이다. 흡사 호출당하는 느낌, 꼭 해주고 싶다는 뜨거운 의지를 불러일으키는 이름이 아버지다! 감사하게도 하나님이 내 앞에서 그 이름을 다신다. 그분의 왼편 가슴에 그 고마운 이름을 다신다. "아무개야, 나를 아버지라고 불러 보아라." 기도하고픈 마음이 물씬 나기를 바란다.

우리 아버지

한 걸음 나아가, 주기도는 하나님을 "우리" 아버지로 소개한다. 나의 아버지가 아니라, 우리 아버지라고 부를 것을 명한다. '우리'에 담긴 의미는 무엇일까?

우선은, '가족'의 우리다. 하나님을 아버지라고 부르는 사람이 나 혼자가 아니라는 말이다. 하나님의 호부를 허락받은 사람이 나 혼자가 아니라는 의미인데, 섭섭한가? 나만 특별대우를 받는 줄 알았는데, 알고 보니 나 혼자가 아니네. 섭섭한가? 섭섭해 마시라. 주기도를 통해 하나님은 우리에게 가족을 선물하신다. 아버지도 선물하셨지만, 형제와 자매도 선물하신다.

가족이란 존재가 가끔 불편하기도 하지만, 얼마나 든든하고 행복한 울타리인가. 주기도를 통해 하나님은 우리를 주님 안에 한 가족으로 엮어주신다. 하나님의 자녀들의 모임인 교회다. 받은 것은 기도문인데, 열고 보니 가족이 들어 있다. 아버지와 함께 귀한 가족을 주신 아버지께 감사드린다.

지금은 돌아가셨지만 구봉서라는 배우가 있었다. 푸근한 얼굴에 따뜻한 웃음을 던져주시던 분이다. 그분이 출연한 흑백 영화가 있는데, 제목은 가물가물하다. 그저 한 장면이 기억에 남아 있는데, 교회에서 기도하는 장면이었다. 조카를 따라 교회에 갔는데, 생전 기도를 처음 하게 된다. 하나님을 불러야 하는데 어찌 불러야 할지 난감하다. 그런데 옆에 있는 조카가

"하나님 아버지!" 하는 게 아닌가. 그제야 하나님을 어찌 부를지 감을 잡는다. "하나님 형님!" 조카한테 아버지라면 자기한테는 형님뻘이니까.

지혜롭다는 생각이 들다가도, 문득 손자가 "하나님 아버지!" 하는 걸 봤으면 하나님을 뭐라고 불렀을지. 조카님! 이랬을까? 하나님의 가족은 인간의 촌수를 초월한다. 육신의 아버지도 하나님을 향하여 아버지! 그 곁에 아들도 아버지! 온 가족이 하나님을 향해 아버지! 하나님 아버지 안에서 모두가 형제와 자매다. 한 주님 안에 따뜻한 가족으로 엮어져 가기를 바란다. 주기도는 우리에게 가족을 선물한다.

또한, 주기도의 우리는 '합심'의 우리다. 모든 기도의 원형인 주기도는, 애초에 혼자 드리는 독백의 기도가 아니라, 여럿이 함께 드리는 합심 기도를 의도한다. 주님 안에 우리는 한 가족이기 때문이다. 가족이 나누어야 할 것이 밥뿐이겠는가. 삶을 나누고, 기도를 나누어야 진정한 가족이 아니겠는가. "진실로 다시 너희에게 이르노니 너희 중의 두 사람이 땅에서 합심하여 무엇이든지 구하면 하늘에 계신 내 아버지께서 그들을 위하여 이루게 하시리라."(마 18:19) 주님의 가르침에 따라 사도행전의 제자들은 "더불어 마음을 같이하여 오로지 기도에 힘쓰더라."(행 1:14)

물론 홀로 드리는 기도도 소중하고 아름답다. 겟세마네 동산에서 우리 주님의 기도가 얼마나 아름다운가. 이해받지 못한 한나의 기도도 아름답고, 다니엘의 기도도 그러했다. 얍복 강에서 혼신의 힘을 다한 야곱의 기도도 너무나 아름다웠다. 그러나 할 수만 있다면 우리의 기도는 합심의 기도여야 한다. 겟세마네에서 주님은 제자들에게 함께 기도할 것을 요청하셨다. 잠을 이기지 못한 제자들이 외면했지만, 주님은 함께 기도하기를 원하셨다.

한나의 기도에 남편이 곁을 지켰더라면 더욱 아름다웠을 것이고, 다니엘의 고군분투에 함께 한 세 친구가 있어서 더욱 아름다웠다. 요컨대 우리의 기도는 말 그대로 '우리'의 기도여야 한다. 함께의 기도여야 한다. 그래서 하나님은 '나의' 아버지가 아니라 '우리' 아버지로 불리기를 원하셨다. 나를 넘어 우리가 되기를 바라신 주님의 바람이 우리 안에 이루어지기를 소망한다.

또 하나, "우리"의 묵상에서 빠질 수 없는 대목이 있으니, '예수님'의 우리다. 혹은 '십자가'의 우리다. 주기도의 우리는 단지 나와 너를 합한 복수형이 아니다. 반드시 예수님이 들어가야 하는 우리다. 일상용어로서의 우리는, 그저 나와 너만 들어가면 된다. 나하고 옆에 있는 친구하고 둘이서 우리를 만들 수 있다. 그러나 주기도의 우리는 그 우리와는 다르다. 반드시 예수님이 들어오셔야 한다. 예수님 없는 우리는, 하나님을 아버지라 부를 수 없기 때문이다.

하나님은 오직 예수님의 아버지시다. 삼위일체의 신비 속에서 하나님은 오직 예수님만의 아버지요, 예수님만이 하나님의 아들 그분의 독생자(외아들)시다. 그런데 예수님이 십자가의 보혈로 하나님을 우리의 아버지로 개방해 주셨다. 원래 우리는 하나님의 자녀가 아니라, 죄인이었다. 거룩하신 하나님과 함께할 수 없는 죄인이었다. 그런데 예수님 안에서, 오직 예수님 안에서 우리는 하나님을 아버지로 얻는다.

그래서 주기도의 '우리'는 피 묻은 우리다. 하나님과 우리 사이에 가로막혔던 죄의 장벽이 예수님의 십자가 보혈로 허물어졌다. 바로 그 십자가에서 우리는 오직 예수님만의 아버지를 우리의 아버지로 얻는다. 그런 점에서, 조금 복잡해도 "우리 아버지" 앞에 "오직 예수님 안에서"라는 문구를 삽입해도 좋겠다. 하늘에 계신 "오직 예수님 안에서" 우리 아버지여!

어색하다면 대신 이렇게 해도 좋다. 기도를 마칠 때 "예수님의 이름으로 기도합니다." 하나님을 향한 우리의 기도는 오직 예수님의 이름 안에서만 유효하다. 오직 예수 안에서만 하나님이 우리의 기도를 들으시는 아버지가 되시기 때문이다. 그래서 지혜로운 기도자는 나의 이름으로 기도하지 않고, 예수님의 이름으로 기도한다. 예수님 안에서 하나님을 나의 아버지로 얻기 때문이다. 십자가 보혈을 통해 우리에게 아버지를 선물하신 주님의 은혜에 감사를 드립니다. 아멘.

하늘에 계신 아버지

다음으로 "하늘에 계신"을 묵상하자. "하늘"이 담고 있는 의미는 무엇일까? 이 즈음 푸른 하늘을 한 번 올려다보는 것도 좋겠다. 주기도에서 하나님을 "하늘에 계신" 분으로 소개하는 의미는 무엇일까?

무엇보다 '어디에나'의 하늘이다. "하늘에 계신"을 대신하여 "어디에나 계신"으로 읽어도 좋을 것이다. '하늘에 계신'은 기도자가 어디서건 기도할 수 있는 여건을 허락한다. 강원도 최전방에서 군 복무한 친구의 넋두리가 기억난다. 하늘밖에 안 보인다고. 사방이 산으로 막혀서 아무 것도 안 보이고, 하늘밖에 안 보인다고. 탁 트인 인천에서 군 생활을 한 나로서는 그 갑갑함을 가늠하기가 어렵다. 얼마나 답답했을까, 하늘밖에 안 보이는 그곳에서. 그런데 다시 생각하면, 꽉 막힌 최전방에도 하늘은 보인다는 뜻이 아닌가. 탁 트인 땅에서만 하늘이 보이는 게 아니라, 사방팔방이 막힌 곳에서도 하늘만은 보인다.

그렇다, 하늘길은 막을 수 없다. 서울 가는 길은 막힐 수 있어도, 청와대 가는 길은 막힐 수 있어도, 하늘을 향한 길은 막힐 수 없다. 감사하게도, 우리의 기도를 들으시는 하나님은 바로 그 하늘에 계신다. 두 손을 모으고 눈을 감으면, 바로 그곳이 하나님 앞이다. 사면초가에 갇혀서도 기도의 문은 언제나 열려 있다. 우리 하나님은 어디에나 계신 하나님, 다른 말로 하늘에 계신 하나님이기 때문이다.

독재자들이 요즘 힘을 잘 펴지 못하는 게 SNS 때문이란다. 예전에는 신문과 방송만 통제하면 되는데, SNS는 통제하기가 너무 어렵다. 스마트폰이 있는 곳이면 어디서나 글을 올릴 수 있기 때문이다. 그런데 혹 어떤 똑똑한 독재자가 SNS마저 통제한다고 해도 결코 통제할 수 없는 것이 있으니, 기도다. 우리의 기도를 들으시는 하나님은 어디에나 계시기 때문이다. 스마트폰도 필요 없이, 그저 두 손을 모으면 바로 그곳이 하나님 앞이기 때문이다.

또한 주기도의 하늘은 '모든 능력'의 하늘이다. 하늘은 하나님의 무한능력을 상징한다. 우리의 기도를 들으시는 하나님의 능력은 하늘에 미치는 능력, 전능하신 하나님이다. 바로 그런 의미에서 하나님은 하늘에 계신 하나님이시다. "하늘에 계신 이가 웃으심이여 주께서 그들을 비웃으시리로다."(시 2:4) 민족들이 헛된 일을 부리고, 군왕들이 하나님을 대적할 때, 하나님의 반응은 비웃음이었다. 하나님의 권세는 군왕을 초월하고, 열방을 능가하기 때문이다. 다른 말로, 그들은 땅에 있지만, 하나님은 하늘에 계시기 때문이다. 하늘에 계신 하나님은 모든 것 위에 계신 하나님이요, 모든 능력에 뛰어나신 하나님이시다.

우리가 하나님께 기도하는 이유가 바로 여기에 있다. 단지 그분이 우리의 아버지이기 때문만은 아니다. 마음은 원이로되 자녀들에게 해줄 게 없어서 애타는 아버지들이 얼마나 많은가. 글을 쓰고 있는 나부터가 그러하다. 그런데 우리의 하늘 아버지는 그런 약한 아버지가 아니다. 모든 능력에 뛰어나신 전능하신 하나님이시다. 우리의 기도가 무엇이든, 그분은 응답하실 수 있는 능력을 구비하고 계신다. 그분의 능력은 하늘에 미치고, 사실은 하늘조차 그분의 능력 아래다. 그 믿음으로 기도하자.

사실 필자가 처음 경험한 하늘은 '위로'였다. 주기도의 하늘은 무엇보다 위로의 하늘이었다. 교역자로서 처음 장례 예배를 드릴 때였다. 장례가 자주 그렇듯이 갑자기 닥쳐왔는데, 강도사 시절 마침 담임목사님이 외국에 나간 상태에서 첫 장례가 찾아왔다. 어떤 말씀을 전해야 할지 참 막막했다. 신학교에서 장례 예배 설교는 한 번도 배워본 적이 없는 것 같아서 괜한 원망만 올라오는데, 불현듯 주기도가 떠올랐다.

하늘에 계신 우리 아버지여. 유족들에게 위로가 되기를 바라면서 그 대목을 풀었었다. "우리의 아버지는 땅에만 계시는 게 아닙니다. 하나님은 하늘에 계신 우리의 아버지요, 또한 고인의 아버지이기도 하십니다. 땅에서 고인을 떠나보내는 가족들의 마음이 무겁겠지만, 너무 염려하지 마세요. 하늘에 계신 고인의 아버지가 고인을 고이 품어 줄 것입니다. 아멘." 주기도를 더욱 사랑하게 된 것이 이때부터였던 듯하다.

아버지가 있어서 행복한 사람들

십수 년 전 누나가 먼저 하늘로 떠났다. 딸을 보낸 아버지의 마음은 어떤 것일까. 사실 아버지는 그리 존경받지 못하는 아버지였다. 그래서 많이 밉기도 했는데, 그런데 나중에야 알았다. 내 아버지도 참 좋은 아버지라는 걸. 아버지는 늘 자전거를 타고 누나 산소에 벌초를 다니셨다. 지금 가보면 자동차도 힘들어하는 경사다. 그런데 운전도 못하는 아버지는 그 높은 경사를 자전거를 타고 부지런히도 다니셨다. 불평 한 마디 없이, 그저 미안한 마음으로 말이다.

살릴 방법이 있었으면 어떡하든 딸을 살렸을 것이다. 자기 몸을 상하더라도 어떡하든 살렸을 것이다. 그러나 마음은 원이로되 육신이 약한지라, 그저 술기운에 사랑하는 딸을 보냈으리라. 해줄 수 있는 건 벌초밖에 없었다. 가끔 그 아버지가 그립다. 나에게도 그리운 아버지를 주신 하나님께 감사를 드린다.

아버지의 소임은 무엇일까? 이 땅에서 아버지로서 자녀들을 위해 꼭 해주어야 할 일은? 돈 벌어서 공부시키는 것도 중요하고, 목마 태우고 놀아주는 것도 중요하다. 결혼식 날 손잡고 딴딴따다 입장하는 것도 소중하다. 그러나 더 귀한 소임이 있다면, 진짜 아버지를 소개하는 일이다. 사랑하는 자녀에게 진짜 아버지를 가르쳐주라. 내 사랑하는 자녀에게, 영원토록 믿고 의지할 수 있는 하늘에 계신 진짜 아버지를 소개해 주라.

"애들아, 오늘 아버지가 중요한 한 분을 소개하고 싶다. 너희들의 진짜 아버지다. 내가 가짜라는 말은 아니고. 이 땅에서 너희들은 나를 아버지라고 부르지만, 우리의 영원한 아버지는 하늘에 계신단다. 그분은 나의 아버지도 되시고, 너의 아버지도 되시고, 그래서 우리 모두의 아버지가 되시는 분이다. 바로 하늘에 계신 우리의 아버지 하나님이시다. 아멘."

언젠가 내 아이들이 이런 말을 하면 얼마나 행복할까. "아빠가 내 아빠여서 행복해요." 꼭 말을 안 해도 언젠가 마음으로 한 번쯤 그렇게 느껴준다면 참 행복할 것이다. 부족한 아빠라서 감히 기대하기 어렵지만… 그렇지만 확실한 고백이 있다. "하나님이 우리 아버지여서 너무나 행복합니다." 이 땅에서 확보할 수 있는 행복이 많이 있지만, 최고의 행복은 이게 아닐까. 하늘에 계신 하나님이 나의 아버지여서 너무나 행복합니다. 예수님 안에서 하나님이 우리 아버지여서 너무나 행복합니다. 주기도는 세상 최고의 선물, 하늘에 계신 우리의 아버지를 선물로 받는 통로다. 여호와는 나의 아버지시니 내게 영원토록 부족함이 없으리로다. 아멘.

생각할 거리들

1. 아버지! 주기도를 시작할 때, 나는 정말 하나님을 아버지로 부르고 있는가? 혹 허울뿐인 소리는 아닌가? 온 마음을 담아, 아버지! 제대로 불러드리자.

2. "하늘에 계신"이 담고 있는 의미들을 정리해보자. 그 가운데 내 마음에 가장 와 닿는 대목은 무엇인가?

3. "우리"라는 단어가 담고 있는 의미들을 정리해보자. 그 가운데 내 마음에 가장 와 닿는 대목은 무엇인가? 나는 그 고백에 합당한 삶을 살고 있는가?

4. 하나님이 아버지여서 행복한가? 진심인가? 그 아버지를 자녀들에게도 소개했는가?

2

아버지의 이름이
거룩히 여김을 받으소서

하늘에 계신 우리 아버지여
이름이 거룩히 여김을 받으시오며
나라가 임하시오며
뜻이 하늘에서 이루어진 것 같이
땅에서도 이루어지이다
오늘 우리에게 일용할 양식을 주시옵고
우리가 우리에게 죄 지은 자를 사하여 준 것 같이
우리 죄를 사하여 주시옵고
우리를 시험에 들게 하지 마시옵고
다만 악에서 구하시옵소서
(나라와 권세와 영광이 아버지께 영원히 있사옵나이다) 아멘

(마 6:9-13)

2
아버지의 이름이
거룩히 여김을 받으소서

당신의 이름이 거룩히 여김을 받으소서

본격적으로 간구가 시작된다. "아버지의 이름이 거룩히 여김을 받으소서" 혹은 "아버지의 이름을 거룩하게 하소서." 원문에는 "아버지의" 자리에 "당신의"로 되어 있지만, 우리말 어감상 "아버지의"로 고쳐서 읽는 경우가 많다. 하나님을 향해 당신이라고 부르긴 좀 그렇지 않은가. 여하튼 하나님의 이름이 거룩히 여김을 받기를 구하는 기도, 혹은 하나님의 이름이 우리 가운데 거룩하게 되기를 간구하는 기도다.

    이런 간구를 우리에게 가르치신 이유가 무엇일까? 말씀으로 들어가는 방법 가운데, 자주 경험하기를 질문을 던지는 것이 요긴하다. 좋은 질문은 자칫 방황할 수 있는 말씀 읽기에 갈피를 잡아준다. 그런 의미에서 질문하기를, 주님께서 이 간구를 우리에게 가르치신 이유가 무엇일까?

우리 아버지가 정말로 거룩한 분이기 때문에

우선은, 우리 하나님이 정말로 거룩한 분이기 때문이다. 우리의 아버지인 그분의 이름이 정말로 거룩하기 때문에, 그래서 주님이 우리에게 이 간구를 가르치셨다. 개인적으로 "거룩하게 하소서"라는 번역보다 "거룩히 여김을 받으소서"라는 번역을 선호한다. 이유는, 하나님의 이름은 이미 거룩하시기 때문이다. 다만 이 땅이 그분의 이름을 거룩히 여기지 않고 있을 뿐이다. 그래서 간구하기를, 거룩하신 하나님의 이름이 그 이름에 걸맞게 이 땅에서 거룩히 여김을 받으소서. 아멘.

그런데 거룩이란 도대체 무엇일까? 거룩하신 하나님이라고 부를 때, 그 거룩함이란 도대체 무슨 의미일까? 참 가늠하기 어려운 단어다. 크다, 높다, 넓다, 깊다, 혹은 무겁다, 이런 표현들은 그리 어렵지 않다. 자로 잴 수 있으니까. 또 저울로 달 수 있으니까. 비싸다는 말도 마찬가지, 가격표에 달린 숫자와 함께 무엇을 의미하는지 대략 감이 잡힌다. 그런데 거룩하다, 이건 무슨 의미일까? 잡힐 듯 잡히지 않는 단어가 바로 거룩이다. 사전을 펼치는 것도 좋지만, 이럴 땐 묵상이 필요하다. 말씀의 지도를 받아가며 곰곰이 묵상하기를, 거룩이란 무엇일까?

부러움조차 불경한 두려움

거룩은 무엇보다 두려움이다. 이사야가 거룩하신 하나님을 만났다. 이사야 6장 1절에 "웃시야 왕이 죽던 해에 내가 본즉 주께서 높이 들린 보좌에 앉으셨는데 그의 옷자락은 성전에 가득하였고." 하나님이 성전에 임재하셨는데, 천사들이 찬양하기를 3절에 "거룩하다, 거룩하다, 거룩하다. 만군의 여호와여 그의 영광이 온 땅에 충만하도다 하더라." 천사들이 거룩하신 하나님을 찬양한다. 그런데 이때 이사야가 보인 반응이 인상적이다. 5절에 "그때에 내가 말하되 화로다 나여 망하게 되었도다. 나는 입술이 부정한 사람이요 나는 입술이 부정한 백성 중에 거주하면서 만군의 여호와이신 왕을 뵈었음이로다 하였더라."

거룩하신 하나님 앞에서 이사야가 느낀 일차적 감정은 두려움이었다. 하나님이 흉측하게 생겨서 두려운 게 아니다. 애니메이션 영화 〈몬스터 주식회사〉의 괴물들처럼 위협적인 소리를 질러서 겁이 나는 게 아니다. 너무나 존귀하시기에 느끼는 두려움이고, 너무나 정결하시기에 감히 다가설 수 없는 두려움이다. 언젠가 우리도 하나님 앞에 서게 될 터인데, 그때도 우리 마음에 일어나는 첫 감정은 필시 두려움일 것이다. 나는 하나님을 거룩히 여기고 있는가? 다른 말로 옮기면, 내 안에 하나님을 향한 두려움이 있는가? 두려움 때문에 나 같은 인간이 감히 그분 앞에 설 수 없음을 느낄 때, 그때 비로소 나도 하나님의 거룩을 경험한 것이리라.

거룩은 부러움이 아니다. 거룩은 존경도 아니다. 거룩은 감히 부러워할 수도 없는 정결함이요, 나 같은 게 감히 존경하는 것조차 불경한 지극히 존귀함이다. 주변에 더러 부러운 사람들이 있다. 나도 저렇게 되었으면 좋겠다며 마음으로 존경하고, 닮고 싶은 분들이 더러 있다. 그런데 그분들은 부러운 분들이지 거룩한 분들은 아니다. 존경스러운 분들이지 결코 거룩한 분들은 아니다. 거룩은 부러움이나 존경과는 애초에 다른 범주다.

부러움과 존경은, 거리가 멀어서 그렇지 그래도 내가 한 번 좇아가 봄직한 대상이다. 뱁새가 황새 좇아가다가 가랑이가 찢어진다고 하는데, 가랑이가 찢어질지언정 그래도 한 번 좇아는 가볼 만한 대상이다. 그런데 거룩은 애초에 그런 시도조차 불경하다. 거룩한 분 앞에서는 부러움도 불경하고, 존경도 무례하다. 그저 두렵고 떨림으로 엎드릴 뿐이다. 그게 거룩이다.

아담의 타락 이면에는 이 불경한 부러움이 있었다. 사탄이 아담을 유혹할 때 바로 그 부분을 파고들었다. "너희가 그것을 먹는 날에는 너희 눈이 밝아져 하나님과 같이 되어 선악을 알 줄 하나님이 아심이니라."(창 3:5) 선악과를 먹으면서, 아담은 하나님과 같이 되고자 했다. 하나님처럼 될 수 있다고 믿었다. 하나님을 부러워한 것이다. 하나님을 두려움이 아니라, 부러움의 대상으로 삼은 것이다.

안타깝게도 그런 마음에는 하나님을 모실 수가 없다. 그런 사악한 마음에는 하나님이 거하실 수가 없다. 하나님은 부러움의 대상이 아니라, 거룩한 두려움의 대상이다. 아담이 부러움의 그릇에 하나님을 담았다는 것은, 그만큼 하나님을 몰랐다는 의미요, 그만큼 하나님을 가벼이 여겼다는 의미다. 인간들끼리는 부러워도 하고 존경도 필요하다. 그러나 거룩하신 하나님 앞이라면 부러움도 불경이요, 존경도 무례하다. 오직 두려움이다. 언젠가 오직 두렵고 떨림으로 그분 앞에 엎드릴 때, 그때 비로소 나도 거룩을 경험하고 있는 것이리라.

계산 본능을 꺾어버리는 흠모

또한 거룩은 계산 본능을 꺾어버리는 흠모다. 사랑이 깊어지면 흠모가 된다. 어떤 대상을 너무나 사랑하여 마음으로부터 흠모가 올라올 때가 있다. 그런데 그 흠모가 깊어져 우리의 계산 본능마저 꺾어져 버릴 때가 있다면, 그때가 바로 거룩을 경험한 순간이리라.

우리 인간은 본능적으로 계산을 잘한다. 정말 그러지 말아야 할 순간에도 본능적으로 계산기를 두드린다. 동료들과 식사 후 비용을 갹출할 때는 기본이고, 사랑하는 연인과의 데이트에서도 마찬가지다. 못난 자식들은 심지어 위중하신 부모님을 앞에 두고도 자기도 모르게 머릿속으로 계산기를 톡톡거린다. 이놈의 자식들! 그런데 그렇게 못난 우리에게도 어느 순간 계산 본능이 사라질 때가 있다. 계산 본능이 부끄러움을 당하고, 그저 흠모하는 마음으로 엎드리는 순간이 있다. 그때가 바로 거룩함을 마주한 순간이다.

한 여인이 예수님의 발에 귀한 향유를 부어드렸다. 아주 귀한 향유였는데, 일 년치 연봉에 해당하는 값비싼 향유였다. 그런데 그 비싼 향유를 주님의 발에 부어버린다. 곁에서 지켜보던 제자들이 난리가 났다. 저 비싼 향유를, 그게 얼마짜린데 발에다 허비하느냐고 말이다. 제자들의 계산 본능이 발동한 것이다. 그런데 여인은 아랑곳하지 않고 주님의 발에 그 비싼 향유를 부어버린다. 여인이 거룩을 만났기 때문이다. 압도당한 계산 본능. 여인도 향유가 비싸다는 걸 잘 안다. 평소 같으면 절대 이럴 사람이 아니다. 그런데 오늘은 어쩔 수 없다. 거룩을 만났기 때문이요, 거룩하신 분을 만났기 때문이다. 인간의 계산 본능마저 꺾어버리는 깊은 흠모의 마음, 그 거룩함.

헌신의 기쁨을 맛볼 때, 어쩌면 주님의 거룩을 조금 맛본 날인지도 모른다. 나도 기꺼이 주님을 위해 헌신하리라는 결단이 마음 깊은 자리로부터 올라올 때, 그때가 어쩌면 나도 주님의 거룩을 조금 맛본 날인지도 모른다. 천박한 종교는 신을 수

단화한다. 자기 뜻을 이루는 수단으로, 심지어 자기 욕심을 이루는 수단으로 신을 활용하려고 한다. 그들의 신은 거룩한 신이 아니라, 힘만 센 도구이기 때문이다. 하나님을 아는 사람, 특히 하나님의 거룩하심을 아는 사람은 감히 그럴 엄두를 내지 못한다.

주님의 거룩을 경험할 때는, 나 같은 게 감히 그분의 일에 쓰임 받을 수 있다는 것 자체가 영광스럽다. "주의 궁정에서의 한 날이 다른 곳에서의 천 날보다 나은즉 악인의 장막에 사는 것보다 내 하나님의 성전 문지기로 있는 것이 좋사오니."(시 84:10) 언젠가 주님으로부터 무언가를 얻기보다, 그저 내가 그분 곁에 있는 것만으로 행복에 젖을 때가 온다면, 그 날이 어쩌면 주님의 거룩을 조금 맛본 날인지도 모른다.

어쩔 줄 모르는 복잡함

거룩은 복잡함이다. "시몬 베드로가… 예수의 무릎 아래에 엎드려 이르되 주여 나를 떠나소서. 나는 죄인이로소이다 하니."(눅 5:8) 베드로가 주님의 거룩하심을 경험한 순간이라고 믿는다. 주님의 거룩하심을 깨달았을 때, 그의 마음이 복잡하다. "주여 나를 떠나소서!" 주님의 귀함, 주님의 거룩함을 발견하고는 자기를 떠나달란다. 붙잡고픈 마음도 있었으리라. 그런데 도무지 그럴 수 없었으리라. 이 복잡한 심경이 거룩이 아닐까.

거룩하신 주님은 우리에겐 너무나 복잡한 분이다. 앞서 거룩을 풀기를, 두려움과 흠모라고 했다. 그런데 이 둘이 복잡하다. 두려움이 우리를 주님으로부터 물러나게 한다면, 흠모는 우리를 주님 가까이 나아가게 한다. 너무나 두려운 분이기에 감히 그 앞에 나아갈 수 없는 분이지만, 동시에 너무나 아름다운 분이기에 무슨 일이 있어도 놓치고 싶지 않은 분이다. 이러지도 못하고 저러지도 못하고, 주님 앞에서 어쩔 줄을 모르는 자신을 발견할 때, 그 날이 어쩌면 그분의 거룩하심을 경험한 날인지도 모른다.

여기까지… 필자의 옹졸한 상상력으로 거룩을 가늠해 보았다. 나름 애써 묵상했는데 역부족임을 느낀다. 그런데 이건 애초에 힘겨운 과업인 것이, 우리는 거룩을 잘 모른다. 안다고 해도 잘 모르고, 경험했다고 해도 사실 잘 모른다. 하나님의 거룩하심은 우리의 지식을 초월한다. 우리의 느낌도 초월한다. 하나님의 실재 거룩함에 비하면 우리가 아는 거룩이란 기껏해야 거룩의 대양 앞에서 발목에 물 몇 방울 적신 것인지도 모른다. 말로 표현할 수 있는 게 아니다. 말로 표현이 가능하다면, 필시 그 거룩은 싸구려 짝퉁 거룩일 가능성이 크다. 거룩은 알량한 우리 인간의 말에 담아낼 수 있는 물건이 아니다. 감히 범접할 수 없는 두려움. 감히 말댈 수 없는 흠모. 뭐, 이 정도로 하자.

주기도 첫 번째 간구는 그 거룩을 주님의 이름에 붙인다.

"아버지의 이름이 거룩히 여김을 받으소서." 이 간구를 우리에게 가르치시는 이유가 무엇일까? 하나님은 정말로 그런 분이기 때문이다. 우리 아버지이신 하나님이 정말로 거룩하신 분이기 때문이다. 온 세상이 마땅히 그분 앞에 두려워 떨어야 하고, 온 세상이 마땅히 그분을 흠모해야 할 그런 분이기 때문이다. 그래서 기도하기를 "아버지의 이름이 거룩한 두려움, 거룩한 흠모를 받게 하소서." 이 거룩한 기도가 이 땅에서 이루어지기를 소망한다.

세상이 그분을 거룩히 여기지 않기 때문에

이제 현실 속으로 들어가서, "아버지의 이름이 거룩히 여김을 받으소서." 주께서 이 간구를 가르치시는 또 하나의 이유는, 세상이 그분을 거룩히 여기지 않기 때문이다. 그분의 이름은 두렵고 떨리는 거룩한 이름이요, 그래서 그분의 이름은 마땅히 온 세상에서 거룩히 여김을 받아야 하는데, 안타깝게도 세상은 그분의 이름을 거룩히 여기지 않는다. 그분의 이름을 거룩히 여기기는커녕 숫제 그분의 존재조차도 모르는 경우가 많다. 알아도 그분의 이름은 철저히 무시되거나 심지어 모욕을 당하기도 한다. 그래서 주님이 우리에게 이 간구를 가르치신다. "아버지여, 아버지의 이름이 세상에서 거룩히 여김을 받으소서."

가장 시급한 간구

주님께는 이것이 굉장히 시급한 제목이었나 보다. 이 간구를 주기도의 맨 앞, 첫 번째 간구에 배치하신다. 얼핏 생각하면, 이거 말고도 급한 기도 제목들이 많을 것 같다. 병상에 있는 환우들의 쾌유가 급하고, 자녀들의 취업도 급하다. 근자에는 자녀들의 결혼이 부모들의 갈급한 기도 제목이고, 나라를 위한 기도도 묵직하게 다가온다. 그런데 주님이 보시기에는 그 모든 기도 제목들보다 더 급한 게 있으니, 아버지의 이름이 거룩히 여김을 받으소서. 주기도를 배운다는 것은 기도의 문구를 아는 것을 넘어, 간구의 시급성을 이해하는 것이다.

우리 사는 이 땅을 향한 안타까움이 많은 시절이다. 헬조선. 언젠가부터 인터넷에 떠도는 부끄러운 이름이다. 젊은이들에게는 작금의 우리나라 상황이 지옥처럼 느껴지는 모양이다. 금수저, 흙수저. 젊은이들의 좌절감이 만들어낸 우리 시대의 어둔 이름들이다. 힘든 건 젊은이들뿐만이 아니다. 백발에 꺾어진 허리를 이끌고 폐지를 주우러 다니는 힘겨운 노년들이 너무 많다. 슬프다. 안타깝다. 해결해야 할 문제들이 너무 많고, 그만큼 기도해야 할 제목들이 너무 많다.

그런데 주기도는 이 모든 제목들을 뒤로 하고, 아버지의 이름이 거룩히 여김을 받기를 간구한다. 아버지의 이름이 거룩히 여김을 받으소서. 이 간구를 첫 대목에 배치한다. 아버지의 이름이 그렇게 급하단 말인가. 하나님이 사랑하시는 민초들의 고통이 이토록 다급하고 절박한데, 아버지의 이름이 그렇게 급하단 말인가. 그렇다. 세상을 아는 주님이 보시기에, 이 제목이 그토록 시급하다. 주기도를 배운다는 것은 단지 문구를 넘어, 이 첫 번째 간구의 시급성을 이해하는 것이다.

가장 근본적인 간구

또한 주기도를 배운다는 것은 이 간구의 근본성을 이해하는 것이다. 이 간구는 단지 하나의 간구가 아니라, 모든 간구를 떠받치는 근간이다. 세상이 어디서부터 잘못되었을까. 도대체 어디서부터 치료를 해야 할까. 주기도는 하나님의 이름이라고 대답한다. 여기에 근본 문제가 있다고 믿는다. 그래서 기도를 여기서부터 시작한다. 이 땅 문제에 대한 근본적인 해결도 여기서 시작된다고 믿기에, 주기도는 다른 기도 제목에 우선하여 이 제목부터 시작한다.

어떤 문제를 놓고 논의할 때, 지혜로운 자들은 구조적인 문제를 자주 지적한다. 궁극적인 해결을 위해서는 피상적인 문제가 아니라 구조적인 원인을 찾아야 한다고 말이다. 옳은 말이다. 드러난 증상에 집중하다보면 본질을 놓치는 수가 있고, 그러다 보면 근본적인 해결도 불가능하다. 증상 이면에 놓인 근본적인 문제를 찾아 해결하는 것이 지혜다. 바로 그래서 주기도는 이 간구를 맨 앞에 배치한다. 하나님의 이름이 거룩히 여김을 받지 못하는 것이 이 땅 모든 문제의 근원이라고 믿기 때문이다.

어지러운 세상의 치유도 바로 여기서 시작된다. "여호와를 경외하는 것이 지혜의 근본이요, 거룩하신 자를 아는 것이 명철이니라."(잠 9:10) 하나님을 두려워하는 것이 지혜의 근본이고, 그 두려움이 회복되는 것이 이 땅 문제에 대한 해결의 기초다. 주기도는 그분의 이름이 거룩히 여김을 받을 때, 세상의 문제들이 해결된다고 믿는다. 살아계신 하나님을 향한 거룩한 두려움이 회복되고, 그분을 향한 거룩한 흠모가 일어날 때, 비로소 얽히고설킨 이 땅의 어지러움이 제자리를 잡을 것이다. 이를 믿는 자는 그래서 간절히 기도할 것이다. 아버지의 이름이 이 땅에서 거룩히 여김을 받으소서. 아멘.

우리마저 그분을 제대로 거룩히 여기지 않기 때문에

이제는 우리를 돌아볼 시간이다. "아버지의 이름이 거룩히 여김을 받으소서." 주께서 기도의 첫 머리에 이 간구를 가르치신 이유가 무엇일까? 이유인즉, 세상도 그렇지만, 때로 우리도 그분의 이름을 거룩히 여기지 않기 때문이다. 세상은 그렇다손 치더라도 그분을 알고 믿는 우리라도 그분의 이름을 거룩히 여겨야 하는데, 현실은 때로 그렇지가 않다. 그래서 주께서 먼저 우리에게 가르치시기를, "아버지의 이름이 거룩히 여김을 받으소서."

세상이 하나님의 이름을 거룩히 여기지 않는 이유가 어디에 있을까? 생각하면 가장 큰 이유는 우리에게 있다. 우리가 그분의 이름을 거룩히 여기지 않기 때문이다. 우리가 그분의 이름을 거룩히 여기지 않는데, 어찌 세상이 그분을 거룩히 여기랴. 그분을 아는 우리조차 그분의 이름 앞에 두려움과 거룩한 흠모를 품지 못하는데, 어찌 세상이 그러하기를 기대할 수 있겠는가. 아이가 부모의 거울이라고 했던가. 세상은 어쩌면 우리의 거울이다. 우리가 진정으로 하나님의 이름을 두려워할 때, 세상도 그분의 이름을 두려워할 것이다.

그런 의미에서, 주기도의 첫 간구는 하나님을 향한 간구이면서, 동시에 우리를 향한 주님의 질책이다. 왜 너희조차 내 이름의 거룩함을 모르느냐. 그래서 주기도는 우리의 다짐이 된다. 간구와 더불어, 하나님을 향한 우리의 고백적인 다짐이 된다. "하늘에 계신 우리 아버지여, 아버지의 이름이 거룩한 이름임을 고백합니다. 그래서 누구보다 내가 먼저 아버지의 이름을 거룩히 여길 것을 다짐합니다." 주기도를 입에 담는 우리의 가슴에 이 거룩한 다짐이 들어 있기를 바란다.

교회다운 교회는 어떤 교회일까? 근자에 교회 개혁을 향한 목소리가 강한데, 교회 개혁이란 곧 교회다움의 회복일 것이다. 그런데 교회다움이란 무엇일까? 교회 운영의 민주화를 이야기하는 이들도 있고, 재정 사용의 투명성을 지목하는 이들도 있다. 전통적으로는 복음의 선포와 성례, 적절한 권징을 강조한다. 모두가 소중한 잣대요, 의미 있는 울타리. 그런데 주기도는 우리에게 보다 근본적인 잣대를 요구한다. 교회 안에서 아버지의 이름이 거룩히 여김을 받으소서. 주기도가 교회의 교회다움을 정초한다.

교회다운 교회란, 하나님의 이름을 거룩히 여기는 교회다. 교회다운 교회는 하나님을 두려워하는 교회다. 하나님 두려운 줄 아는 교회, 하나님 앞에서 거룩한 두려움과 흠모를 품을 줄 아는 교회, 그 교회야말로 진정 교회다운 교회다. 교회가 세상에 기여할 수 있는 제일 큰 위업이 바로 이것이라고 믿는다. 하나님의 이름을 진심으로 두려워하는 것. 그래서 세상으로 하여금 그분 두려운 줄을 알게 하는 것. 우리 시대 교회가, 특히 우리 교회가 그런 교회가 되기를 바란다.

생각할 거리들

1. 나는 기도할 때 하나님을 주로 어떻게 호칭하는가? 거룩하신 하나님, 존귀하신 하나님? 나의 신앙을 담아 제일 아름다운 표현을 찾아보자.
   _____ 하나님

2. 거룩이란 무엇일까? 내가 생각하는 거룩은 무엇인지 나누어 보자. 살면서 거룩함을 느끼는 순간은 언제인가?

3. 내 안에는 하나님을 향한 진실한 두려움이 있는가? 우리 교회 안에 하나님을 향한 진실한 두려움이 있는가? 하나님을 향한 진실한 흠모가 있는가?

4. 우리 사회에 당면한 문제들이 많이 있지만, 하나님의 이름이 거룩히 여김을 받는 것이 제일 시급한 일이라는 데 공감하는가? 공감이 되지 않는다면 이유가 무엇일까? 잘못된 주장이기 때문일까, 우리의 마음이 진실을 보지 못하기 때문일까?

3

아버지의 나라가 임하소서

하늘에 계신 우리 아버지여
이름이 거룩히 여김을 받으시오며
나라가 임하시오며
뜻이 하늘에서 이루어진 것 같이
땅에서도 이루어지이다
오늘 우리에게 일용할 양식을 주시옵고
우리가 우리에게 죄 지은 자를 사하여 준 것 같이
우리 죄를 사하여 주시옵고
우리를 시험에 들게 하지 마시옵고
다만 악에서 구하시옵소서
(나라와 권세와 영광이 아버지께 영원히 있사옵나이다) 아멘

(마 6:9-13)

… 삶에서 은혜 받는 주기도문

3
아버지의 나라가 임하소서

당신의 나라가 임하소서

주기도 두 번째 간구로 나아가자. "아버지의 나라" 혹은 "당신의 나라가 임하소서." 우리말 어법상 하나님을 "당신"으로 칭하기가 부담스러워 "아버지"로 의역하고 있을 뿐, 원문 그대로 읽으면 "당신의 나라가 임하소서."가 된다. 이 간구는 어떤 의미일까?

왕(王)이신 나의 하나님

무엇보다 하나님을 왕으로 선포하는 기도다. 주기도가 말하는 나라는 왕국(王國)이다. 국민에게 주권이 있는 공화국이 아니라, 왕이 통치하는 왕국이다. 헬라어 원문에는 나라가 '바실레이아'로 나오는데, 헬라어로 '바실류스'가 왕(王)이다. 발음에서 알 수 있듯이 둘은 한 뿌리에서 났다. 이렇듯 주기도는 하나님을 왕으로 모시는 기도다. "♬♪ 왕이신 나의 하나님 내가 주를 높이고 영원히 주의 이름을 송축하리이다 ♬♪" 주일 예배 입례송으로 자주 불렀는데, 이제 보니 곡조 달린 주기도다. 나는 하나님을 왕으로 모실 용의가 있는가? 그렇다면 주기도를 나의 기도로 받아도 좋다.

주기도 두 번째 간구는 우리의 신앙 색깔을 바꿀 것을 요구한다. 목자 하나님에서 왕이신 하나님으로 말이다. "여호와는 나의 목자시니 내게 부족함이 없으리로다." 많은 신앙인들이 마음에 품고 사는 고백이다. 얼마나 따스한 구절인지 모른다. 양에게 목자는 세상에서 가장 아늑하고 따스한 단어다. 많은 신앙인들이 이 구절을 사랑하는 것은, 하나님이 우리에게 그렇게 아늑하고 따스하기를 바라는 마음일 게다. 감사하게도 우리 하나님은 그런 분이시다. 그러나 그게 전부는 아니다. 주기도는 조금 다른 하나님을 소개하는데, 목자가 아니라 왕이다. 기대고 의지할 목자를 넘어, 두렵고 떨림으로 섬겨야 할 나의 왕이다. 하나님을 나의 목자를 넘어 나의 왕으로 모실 마음이 있는가? 그렇다면 주기도를 나의 기도로 받아도 좋다.

나는 헤롯이 되지 않겠다!

역사의 언어로 옮기면, 주기도는 헤롯 왕의 전철을 밟지 않겠다는 결단의 기도다. 성탄절이면 자주 회자되는 유대인의 왕, 아기 예수님을 죽이려 했던 그 잔인한 왕 말이다. 동방에서 박사들이 예루살렘에 당도했을 때, 처음에는 헤롯이 별 관심이 없었다. 예루살렘도 꽤 큰 도시니 여기저기서 방문객들이 많았을 터, 동방에서도 오고 서방에서도 오고, 박사도 오고 장사꾼도 오고 했을 것이다. 동방 박사들은 그 수많은 방문자들 가운데 하나였을 뿐이다.

그런데 그들의 방문에 특별히 헤롯의 기분을 잡치게 만드는 짜증나는 대목이 있었으니, 그들이 말하길 "유대인의 왕으로 나신 이가 어디 계시냐?"(마 2:1) 이러는 거다. 여기서 헤롯이 발끈했다. "내가 왕인데, 무슨 왕이 또 있단 말이냐! 내가 여기 두 눈 시퍼렇게 살아있는데, 무슨 왕이 또 태어났단 말이냐!" 격노한 왕 헤롯이 군대를 파송하였고, 두 살 아래 아기들이 영문도 모른 채 몰살을 당한다(마 2:16). 온 천지에 비탄의 통곡이 퍼졌을 것이다.

왜 이런 처참한 일이 벌어졌을까? 이유인즉, 예수님이 왕으로 오셨기 때문이다. 왕이 아니라 다른 존재로 오셨다면 별일 없었을 것이다. 예수님이 제사장으로 오셨다면, 헤롯은 칼을 들지는 않았을 것이다. 예수님이 선지자로 오셨다면, 크게 신경 쓰지 않았을 것이다. 랍비로 오셨다면? 율법 교사로 오셨다면? 쎄고 쎈 게 랍비고, 율법 교사인데, 눈길도 주지 않았을 것이다. 그런데 예수님은 하필 왕으로 오셨다. 많고많은 사람 중에 왕으로 오셨다. 그래서 헤롯이 칼을 들었다. 왕으로서 다른 건 용납해도, '나 외에 다른 왕'은 용납할 수가 없는 법이다.

그런 의미에서 비록 잔인했지만, 그 날의 헤롯은 지극히 왕답게 행동했다. 왕은 다른 건 몰라도, 다른 왕은 결코 용납할 수 없다. 왕이 어찌 다른 왕을 용납할 수 있단 말인가. 있을 수 없는 일이다. 그런데 주기도는 정확히 그것을 요구한다. 나 자신 외에 다른 왕을 모시라. 주기도는 헤롯의 길을 거부하는 자들의 기도다. 나 자신 외에 다른 왕을 용납할 용의가 있는가? 있다면, 주기도를 나의 기도로 받아도 좋다. 주기도는 바로 그런 사람들의 기도다.

'왕의 기도'를 거절하다

헤롯에게도 기도가 있었다면, 필시 이런 내용이었을 것이다. "나의(my) 왕국이 굳건하기를! 그 누구도 나의 왕좌를 탐내지 못하기를!" 이름 하여 '왕의 기도'다. 헤롯뿐만 아니라, 이 땅 모든 왕들의 기도다. 그런데 주기도는 왕의 기도를 거부한다. 왕좌에서 내려온 후 기도하기를, "나의(my) 왕국이 아니라, 당신의(your) 왕국이 임하소서." 그게 주기도다. 사영리 전도지에 등장하는 마음 속 의자가 떠오른다. 내 삶의 왕좌 말이다. 그 자리에 자기 자신이 앉은 사람은 주기도를 받을 수 없다. 오직 나는 물러나고, 주님을 기꺼이 그 자리에 앉히려는 자들만이 받을 수 있는 기도가 주기도다.

주기도는 양위(讓位)의 기도다. 내 삶의 주인 자리를 주님께 내어드리는 양위의 기도다. 그런데 이게 말처럼 쉽지 않다. 지금도 이 땅에는 수많은 헤롯이 살고 있다. 그리 멀리 있지도 않아서, 내 안에 헤롯이 있고, 네 안에도 헤롯이 보인다. 내가 내 삶의 주인이 되려 할 때, 나는 헤롯이다. 나를 위한 나의 삶을 살려고 할 때, 나는 헤롯이다(고전 10:31[1]). 꼭 손에 칼을 들고, 두 살 아래 아이를 도륙해야만 헤롯인 것은 아니다. 어쩌면 지극히 평범한 우리네 삶이, 헤롯이다. "내 인생은 나의 것, 내 인생은 나의 것, 그냥 나에게 맡겨 두세요." 노래를 흥얼거리며, 자기 주도적인 삶을 살려고 할 때, 나는 헤롯이다.

♬ 왕이신 나의 하나님 ♬ 참 좋은 찬양인데, 작사가가 동의하면 "왕이신"을 "나의 왕"으로 바꾸고 싶다. "나의 왕 나의 하나님"으로 말이다. 글자 수도 같으니 멜로디를 바꿀 필요도 없다. 이 찬양을 진심으로 나의 찬양으로 받을 자는 주기도를 나의 기도로 받아도 좋다.

---

[1] 그런즉 너희가 먹든지 마시든지 무엇을 하든지 다 하나님의 영광을 위하여 하라

신앙을 넘어 삶으로

주기도는 신앙과 삶의 괴리를 허무는 기도다. 신앙과 삶이 분리될 수 있을까? 연약한지라, 우리 안에 둘 사이의 괴리가 노출되기도 한다. 신앙은 신앙이고, 삶은 삶이고, 하는 식으로 말이다. 그러나 주기도는 둘 사이의 괴리를 허용하지 않는다. 주기도의 지평은 교회가 아니라, 나라와 왕국이기 때문이다. "아버지의 나라가 임하소서." 나라는 신앙을 넘어 삶이요, 왕국은 종교의 영역을 넘어 삶의 전 영역을 포괄한다. 하여 주기도는 나의 신앙생활뿐만 아니라 나의 삶 전체를 하나님 앞에 세우겠다는 다짐의 기도다.

'선데이 크리스천' 유감

학창 시절 주일 성수의 추억은 지금 생각해도 갸륵하다. 시골 생활에 놀기 바빠서, 시험은 언제나 당일치기였다. 다들 그러던 시절이니 그런대로 괜찮았는데, 문제는 월요일 시험이었다. 전 날의 저녁 공부가 그 날의 성적을 결정하는데, 월요일의 전 날은 아, 원망스러운 주일이다! 초저녁에 일찍 잠자리에 들었다가, 열두시 땡 하면 일어나서 공부하는 수밖에 없었다. 돌아보면, 고지식해도 참 순수한 시절이었다.

우리 신앙의 중심은 분명히 주일이다. 교회로 모여서 주님을 예배하는 주일이야말로, 우리 신앙의 기본 골격이다. 그러나 아무리 주일이 중요해도, 주일에 갇힌 신앙은 온전한 신앙이 아니다. 소위 선데이 크리스천은 온전한 그리스도인은 아니다. 주일엔 크리스천, 평일엔 몰라요. 근자에 '가나안'(교회에 '안 나가'를 거꾸로 읽은 표현) 현상을 생각하면, 그나마 주일을 지키는 것만 해도 귀해 보이기도 한다. 그러나 온전한 신앙생활을 말하건대, 선데이 크리스천은 '앙꼬 없는 찐빵' 내지는, 심지어 '찐빵 없는 앙꼬'에 불과하다.

찐빵 없는 앙꼬? 쓰고 보니 꽤 의미가 있는 듯하다. 앙꼬 없는 찐빵은 그저 맛만 밋밋하지만, 찐빵 없는 앙꼬는 애초에 빵의 모양이 서질 않는다. 일상으로 이어지지 않는 신앙이 꼭 그 형국일 것이다. 찐빵은 없고 앙꼬만 덩그러니 남은 애처로움. 우리의 신앙이 애처로움을 벗고 반듯한 신앙이 되기 위해서는, 월요일에도 그리스도인이어야 하고, 수요일, 목요일에도 하나님의 백성이어야 한다. 왕의 통치는 요일을 가리지 않는다.

종교가 아니라 삶의 변화

이력서 종교 란에 기독교를 쓴다고 해서 주기도를 받은 것은 아니다. 주기도가 의도하는 변화는, 종교를 넘어 내 삶의 총체적인 변화이기 때문이다. 주기도의 주님은 종교의 주님을 넘어 내 삶의 주님이기 때문이다. "아버지의 나라가 '나의 종교에' 임하소서."가 아니라 "아버지의 나라가 '나의 삶에' 임하소서."다.

'종교 활동'이라는 이름은 지금 생각해도 묘하다. 군대 시절 주일 아침에 예배드리러 가는 걸 두고, 종교 활동이라고 불렀다. 누가 만든 말인지, 참 묘하다. 종교 활동 집합! 군 생활은 훈련과 보초 근무, 개인 정비, 체육 활동 등 다양한 활동으로 이루어지는데, 그 가운데 하나가 종교 활동이다. 어쩌면 세상이 바라보는 우리의 신앙은 딱 그 정도 위치인지도 모른다. 사회 활동, 학교 활동, 직장 활동, 가정 활동 등등, 우리 삶에는 수많은 활동들이 존재하는데, 묘한 활동이, 종교 활동이라.

그런데 주기도는 그런 구분을 거부한다. 신앙은 삶의 일부가 아니라, 내 삶의 총체이기 때문이다. 신앙은 떼어낸 피자 조각처럼 삶의 일부가 아니라, 나의 삶 전체를 뒤덮은 하얀 눈과 같다. 마침 이 글을 쓰는 오늘 전국에 눈이 내렸다. 창문 너머 도로며, 집이며, 자동차까지 온통 하얀 눈이다. 밤새 빈틈도 없이 빼곡히도 내렸다. 신앙은 대지를 덮은 하얀 눈처럼. 하나님을 향한 나의 섬김과 나의 신앙이 나의 삶 구석구석을 빈틈없이 덮게 하소서. 그게 신앙이고, 그게 주기도 두 번째 간구다.

주기도를 고백하는 기업인이라면, 회사 경영에도 신앙의 눈이 내려야 한다. 신앙의 하얀 눈이 회사명이나 간판에만 내려선 안 되고, 신우회 안에만 내려서도 안 된다. 기대했던 기독교 기업이 아르바이트생들의 임금을 체불했단다. 그것도 이름도 치졸한 근무 시간 쪼개기 방식으로 말이다. 기업 경영을 모르는 문외한으로서 내막을 다 알 수는 없지만, 멀리서나마 참 아쉽다. 직원들 모아 놓고 예배를 드린다고 해서 기독교 기업은 아니다. 성경 구절을 회사 표어로 삼는다고 해서 기독 기업은 아니다. 간판에 눈 내리듯, 사옥과 매장에 눈 내리듯, 직원을 대하는 태도와 회사 경영에도 하나님 나라의 눈이 빼곡히 내려야 한다. 그게 주기도다.

교회를 넘어 온 땅으로

나아가 주기도는 교회와 세상의 담장을 허문다. 주기도 앞에, 특히 주기도 두 번째 간구 앞에 세상과 교회의 구분은 사라지고, 모두가 하나님 나라가 된다. 일찍이 이 비밀을 안 이사야 선지자는 "물이 바다를 덮음 같이 여호와를 아는 지식이 세상에 충만할 것임이니라."라고 고백하였다(사 11:9). 여호와의 나라가 성전 안에만 임하는 것이 아니라, 성전을 넘어 산과 들과 바다 온 세상에 충만하기를! 하나님의 통치가 온 땅에 충만하기를! 이것이 주기도 두 번째 간구다.

하나님을 뒤주에 가두지 말라

영화 〈사도〉를 보고는 딸아이가 많이 울었단다. 아버지(영조)가 아들(사도세자)을 컴컴한 뒤주에 가두는 것이 적잖이 충격이었던 모양이다. 꼭 뒤주가 아니더라도, 사람을 좁은 공간에 가두는 것은 가혹한 일이다. 일제강점기 시절 일본 순사들이 독립군을 고문할 때 비스듬히 세워진 관 속에 가두었다는 기록을 보았다. 얼마나 갑갑하였을까.

비유가 거친지 몰라도, 하나님을 뒤주 안에 가두려는 자들이 있다. 하나님을 종교의 뒤주에 가두고, 신앙의 뒤주에 가두고, 교회의 뒤주에 가두고. 그래서 세상사에는 관여하지 말고, 하나님은 그저 종교의 게토 안에 머물기를 바라는 이들이 있다. 그럴 수 없느니라! 하나님은 그 어디에도 갇히지 않는 천지만물의 창조주 하나님이시다.

거룩한 성전을 뒤주로 만들지 말라. 하나님을 성전 안에 가두려고 하면, 성전이 변하여 뒤주가 된다. "내가 건축하고자 하는 성전은 크니 우리 하나님은 모든 신들보다 크심이라."(대하 2:5) 성전을 지을 때 솔로몬이 제일 먼저 고려한 것은 하나님의 크심이다. 그래서 크고 웅장한 성전을 지었다. 그러나 솔로몬은 아무리 큰 성전이라도 그 안에 하나님을 가둘 수 없음을 잘 알고 있었다. "누가 능히 하나님을 위하여 성전을 건축하리요 하늘과 하늘들의 하늘이라도 주를 용납하지 못하겠거든 내가 누구이기에 어찌 능히 그를 위하여 성전을 건축하리요 그 앞에 분향하여 할 따름이니이다."(대하 2:6) 비록 거룩한 성전이라 해도, 하나님을 가두려 한다면 불경한 뒤주가 되고 만다.

주기도는 원리적으로 창조 신앙에 기초한다. 하나님은 온 세상의 창조주시다. 그분은 교회만 만드신 게 아니다. 이스라

엘만 만드신 게 아니다. 온 세상, 온 땅이 그분의 창조물이요, 이 땅에 한 뼘 한 치도 그분의 손길이 미치지 않은 곳이 없다. 미물 하나조차 그분의 손을 벗어나 존재하는 것이 없다. 그러니 하나님을 특정 장소에 가두려 하지 말라. 특정 영역에 제한시키려 하지 말라. 자칫 무례한 뒤주가 될 수 있다.

공의와 평화의 나라

주기도는 우리 사는 온 땅에 하나님의 통치가 임하기를 기도한다. 하나님 나라는 곧 하나님의 통치다. 거룩하신 하나님의 향취가 물씬 풍기는 하나님의 통치가 이 땅에 임하소서. 하나님의 통치가 임한 세상은 어떤 모습일까? 성경은 곳곳에서 하나님 나라를 노래하는데, 하나님 나라는 무엇보다 공의가 넘쳐나는 나라다.

> 공의로 가난한 자를 심판하며 정직으로 세상의 겸손한 자를 판단할 것이며 그의 입의 막대기로 세상을 치며 그의 입술의 기운으로 악인을 죽일 것이며 공의로 그의 허리띠를 삼으며 성실로 그의 몸의 띠를 삼으리라 (사 11:4-5)

하나님 나라는 '무전유죄 유전무죄'의 나라가 아니며, '이게 나라냐'의 나라도 아니다. 힘으로 억누르는 나라가 아니고, 약함을 핑계 삼지도 않는 나라다. 대신 "정의가 물같이 공의가

마르지 않는 강같이 흐르는" 나라다(암 5:24). 하나님 나라는 특혜와 비선 실세가 판치는 아니라 오직 공의와 정의가 온 대지를 적시는 나라다. 주기도는 바로 그 나라가 임하기를 간구한다. 주기도의 응답으로 공의로운 하나님의 통치가 이 땅 구석구석에 임하기를 소망한다.

또한 하나님 나라는 평화의 나라다. 미움도 없고, 갈등도 없고, 오직 서로를 향한 따뜻한 배려와 사랑이 넘치는 무한 평화의 나라다. 그 평화가 하도 아름답고 귀하여, "이상한 동물원"처럼 보일 정도다.

> 그 때에 이리가 어린 양과 함께 살며 표범이 어린 염소와 함께 누우며 송아지와 어린 사자와 살진 짐승이 함께 있어 어린 아이에게 끌리며 암소와 곰이 함께 먹으며 그것들의 새끼가 함께 엎드리며 사자가 소처럼 풀을 먹을 것이며 젖 먹는 아이가 독사의 구멍에서 장난하며 젖 뗀 어린 아이가 독사의 굴에 손을 넣을 것이라 (사 11:6-8)

언젠가 이 본문으로 설교하면서 "이상한 동물원"이라는 제목을 붙인 적이 있다. 이리가 어린 양과 함께 뒹굴고, 표범이 어린 염소와 함께 노닌다. 암소와 곰이 함께 어우러지고, 심지어 사자는 소처럼 아니, 소 곁에 나란히 풀을 뜯어먹는다. 이런 세상이 가능할까? 무한 경쟁과 약육강식에 익숙한 우리에겐,

그야말로 사자가 풀 뜯어먹는 소리처럼 들린다. 그러나 하나님의 통치가 임하면 가능하다. 평화의 우리 하나님이 통치하시는 나라는 평화로 가득하다. 그래서 마음 모아 간구하기를, "아버지의 나라가 임하소서."

기도로 시작하는 나라

주기도는 단지 교회를 꿈꾸지 않는다. 주기도는 단지 종교를 꿈꾸지 않는다. 주기도는 나라를 꿈꾸고, 세상을 꿈꾼다. 우리 하나님은 교회에 갇힌 분이 아니고, 종교에 갇힌 분이 아니기 때문이다. 그분은 온 세상을 창조하신 창조주 하나님이시오, 장차 온 땅을 회복하실 주권자 하나님이시다. 그분의 크기에 맞게 주기도는 세상에서 제일 큰 단어를 골라서, 나라를 꿈꾸고 그분의 왕국을 꿈꾼다.

그런데 어떻게 이런 나라가 가능할까? 혁명을 해야 할까, 개혁을 해야 할까? 주님은 우리에게 기도를 가르친다. 기도하라. 그 나라가 임하기를 기도하라. "아버지의 나라가 임하소서." 하나님 나라는 우리가 세우는 나라가 아니라, 우리에게 임하는 나라이기 때문이다. 우리가 추구해야 할 나라지만, 우리 손으로 이루어가는 나라는 아니다. 주님의 능력으로 세워지고, 주의 은혜로 우리 가운데 임하는 나라다. 하여 개혁자도 기도하고, 혁명가도 기도해야 한다. 그 나라를 꿈꾸는 자는 먼저 기도할 것이다. 아버지의 나라가 임하소서. 아멘.

생각할 거리들

1. 하나님을 나의 주님으로 모시는 것과 나의 왕으로 모시는 것은 어떤 차이가 있을까? 나는 하나님을 나의 왕으로 모시고 있는가?

2. 내 삶에서 하나님의 개입을 내가 허락하지 않는 곳은 없는지 돌아보자. 하나님은 정말로 내 삶 전체의 주인인가?

3. 우리나라에 하나님의 통치가 임할 때, 가장 먼저 임해야 할 곳은 어디일까?

4. 그리스도인의 정치 참여에 대한 당신의 생각은 어떠한가? 개인 그리스도인과 달리 교회의 정치 참여에 대한 당신의 생각은 어떠한가?

4

아버지의 뜻이 이루어지소서

하늘에 계신 우리 아버지여
이름이 거룩히 여김을 받으시오며
나라가 임하시오며
뜻이 하늘에서 이루어진 것 같이
땅에서도 이루어지이다
오늘 우리에게 일용할 양식을 주시옵고
우리가 우리에게 죄 지은 자를 사하여 준 것 같이
우리 죄를 사하여 주시옵고
우리를 시험에 들게 하지 마시옵고
다만 악에서 구하시옵소서
(나라와 권세와 영광이 아버지께 영원히 있사옵나이다) 아멘

(마 6:9-13)

4
아버지의 뜻이 이루어지소서

당신의 뜻이 이루어지소서

주기도 세 번째 간구는 뜻에 관한 간구다. "아버지의 뜻이 하늘에서와 같이 땅에서도 이루어지소서." 혹은 원문의 흐름을 그대로 반영하면, "아버지의 뜻이 이루어지소서, 하늘에서와 같이 땅에서도." 세 번째 간구는 그 중심이 "아버지의 뜻이 이루어지소서"에 있다면, "하늘에서와 같이 땅에서도"는 주기도 전체를 아우르는 덮개다.

주기도를 한 문장으로 줄이면 이렇게도 가능하다. "우리 사는 이 땅이 하늘 같게 하소서." 이 문구는 세 번째 간구만이 아니라, 의미상 첫 번째와 두 번째 간구에도 잇닿아 있다. 하늘에서는 아버지의 이름이 거룩히 여김을 받고 있는데, 땅에서는 그렇지 못함을 한탄하며 올리는 첫번째 간구가, "아버지의 이름이 하늘에서와 같이 땅에서도 거룩히 여김을 받으소서." 하늘에는 하나님의 통치가 임하였는데, 땅의 형편은 그렇지 못함을 안타까워하면서 올리는 두번째 간구가, "아버지의 나라가 하늘에서와 같이 땅에서도 임하소서." 그리고 세 번째 간구는 "아버지의 뜻이 하늘에서와 같이 땅에서도 이루어지소서."

세 번째 간구는 뜻에 관한 간구다. "아버지의 뜻이 이루어지소서." 생각하면 참 특이한 기도다. 흔히 생각하기를, 기도는 내 뜻을 이루는 수단이 아닌가. 기도란 본시, 일이 내 뜻대로 잘 풀리지 않을 때 필요한 것이다. 기도제목이란 쉽게 말해서 이루고 싶은 나의 뜻이다. 이루고는 싶은데, 내 힘으로는 이루지 못하는 나의 뜻이 기도제목이 된다. 그래서 우리가 간구하는 내용은 주로 하나님의 힘과 도우심이다. 뜻은 정해져 있으니, 하나님은 그저 그 넘쳐나는 힘으로 날 도와주기만 하면 된다. 이것이 일반적인 기도의 개념이다.

그런데 이상하게도 주기도는 내 뜻이 아니라 아버지의 뜻이 이루어지기를 간구한다. 나의 뜻이 아니라 아버지의 뜻이 이루어지소서. 이 기도를 무어라 부르면 좋을까? 좋은 질문이 말씀 속으로 들어가는 열쇠가 된다고 했는데, 오늘 던질 질문은 이거다. "아버지의 뜻이 이루어지소서." 이 기도는 어떤 기도인가?

큰 기도

우선 첫째, 큰 기도다. 크고 거대한 기도다. 소리가 커야 큰 기도가 아니다. 목이 쉬도록 주여 삼창을 하고, 귀청이 얼얼하게 마이크에 대고 소리를 질러야 큰 기도가 아니다. 기도의 크기는 목소리 데시벨에 비례하지 않는다. 제목이 커야 큰 기도도 아니다. 배짱 두둑하게 이왕 될 거면 총리를 넘어 대통령이 되게 해달라고 구해야 큰 기도가 아니고, 이왕이면 재벌이 되게 해달라고 구해야 큰 기도가 아니다. 조용히 읊조려도, "나의 뜻이 아니라 아버지의 뜻이 이루어지소서." 이 기도가 큰 기도다.

내려놓음의 기도

기도의 크기는 야망의 크기가 아니라 오히려 내려놓음의 깊이다. 이용규 선교사의 『내려놓음』이란 책은 좋은 내용과 더불어 "내려놓음"이라는 묵직한 신앙어를 우리에게 선물하였다. 믿음이란 내려놓음이다. 욕심을 내려놓고, 혈기를 내려놓고, 자존심도 좀 내려놓고, 심지어 내 뜻도 내려놓고 구하기를, "아버지여, 나의 뜻이 아니라 아버지의 뜻이 내 삶에 이루어지소서." 이것이 믿음의 기도요, 이것이 큰 사람의 큰 기도다.

저 옛날 팔레스타인 땅에 큰 사람이 살았다. 이름이 아브라함인데 그가 말하길, "네가 좌하면 나는 우하고, 네가 우하면 나는 좌하리라."(창 13:9) 아브라함은 믿음의 조상과 더불어 큰 그릇 양보의 조상이기도 했다. 조카 롯과 함께 양을 치고 있었는데, 마릿수가 너무 불어나서 고민에 빠진다. 어찌 보면 참 행복한 고민이지만, 안타까운 것은 그로 인해 조카와의 관계가 묘해진다. 두 집안이 함께 사용하기엔 들판이 너무 좁다. 결국 들판을 나누어 분가하기로 하는데, 어떻게 나누어야 할까?

선택의 순간은 언제나 긴장이 감돈다. 오늘은 특히나 그런 것이, 순간의 선택이 10년, 20년을 좌우할 수 있다. 들판이라고 같은 들판이 아니다. 한 쪽은 풀들이 파릇파릇 양을 치기에 안성맞춤이고, 다른 쪽은 상대적으로 조금 부족해 보인다. 어떻게 나누어야 할까? 누가 먼저 선택해야 할까? 아무리 의좋은 삼촌 조카 사이도 이 순간만큼은 냉정해야 한다. 어금니 지그시 깨물고, "조카야, 그 동안 내가 많이 양보해 왔는데, 이번만큼은 나도 좀 살자. 넌 아직 젊잖아." 얼마든지 이럴 수도 있지만, 아브라함의 입에서 나온 말은 "조카야, 네가 먼저 골라라. 네가 좌하면 나는 우하고, 네가 우하면 나는 좌하리라."

그래서 아브라함은 큰 사람이었다. 키가 크고 덩치가 커서 큰 사람이 아니라, 마음이 크고 그릇이 커서 큰 사람이었다. 하나님은 우리가 그렇게 큰 사람이 되기를 바라셨나 보다. 믿음의 조상을 고르실 때 이런 사람을 고르신 뜻이 혹 거기 있지 않을까. "네가 좌하면 나는 우하고, 네가 우하면 나는 좌하리라." 내려놓을 때는 아브라함처럼, 큰 사람 아브라함처럼.

내려놓음의 크기가 사람의 크기라면, 거인과 같은 여인이 있었다. "주의 여종이오니 말씀대로 내게 이루어지이다."(눅 1:38) 어느 날 천사가 찾아와서 하는 말이, "마리아야, 네가 잉태하여 아들을 낳으리니, 이름을 예수라 하라." 얼핏 들으면 참 반가운 소식이다. 아기가 생긴다는 소리니 말이다. 그런데 현실은 너무나 당황스러운 것이, 아직 결혼 하지 않은 처녀의 몸이었다. 천사의 말인즉슨, "마리아야, 예수님을 위해 처녀인 너의 몸을 좀 내어다오. 너의 태를 좀 쓰게 해다오." 마리아의 생각이 많이 복잡해졌을 것이다.

내어줄 수 있는 게 있고, 절대로 내어줄 수 없는 게 있다. 유모차 정도야 빌려줄 수 있고, 아기 침대도 잠시 내어줄 수 있다. 그러나 소중하고도 내밀하기까지 한 여인의 태를 어찌 내어줄 수 있겠는가. 주님은 하필 그걸 쓰시자고 하신다. 마리아의 생각이 많이 복잡해졌을 것이다. 조카와 땅을 저울질하던 아브라함의 마음 이상으로 많이 복잡하고 주저되었을 것이다. 그런데 결국 응답하기를, "주의 여종이오니 말씀대로 내게 이루어지이다." 이 날 마리아의 아름다운 내려놓음은 우리 모두를 위한 헌신, 거룩한 역사를 위한 아름다운 헌신이 되었다.

먼저 내려놓으신 주님

주기도 세 번째 간구는 우리를 큰 기도로 초대한다. 내려놓음의 큰 기도로 말이다. 나의 뜻이 아니라, 아버지의 뜻이 이루어지소서. 나의 뜻을 겸손히 발아래 내려놓고, 아버지의 뜻이 나에게 이루어지기를 구하는 기도다. 작은 인생은 결코 드릴 수 없는 기도요, 좁은 그릇의 잔챙이 인생은 결코 담아낼 수 없는 기도다. 아브라함처럼 큰 사람, 마리아처럼 깊은 여인만이 올릴 수 있는 기도다. 나아가 우리 주님을 닮은 깊고 큰 사람만이 드릴 수 있는 기도다.

내려놓을 때는 우리 주님처럼. "나의 원대로 마시옵고 아버지의 원대로 하옵소서."(마 26:39) 기도의 덩치를 재건대, 이 땅에서 올려진 가장 큰 기도일 것이다. 가장 깊은 내려놓음의 기도인데, 다름 아닌 우리 주님의 기도다. 우리보다 주님이 먼저 내려놓으셨다. 그래서 주기도는 주님이 '가르치신' 기도 이전에, 우리를 '초대하시는' 기도다. 하늘 영광을 내려놓으시고, 목숨도 내려놓으시고, 남루했던 당신의 마지막 옷까지 내려놓으시고는 기도하시기를, "아버지여, 나의 원대로 마시옵고 아버지의 원대로 하옵소서." 주님이 먼저 내려놓으시고는 이제 주기도를 통해 우리를 그 자리로 초대하신다. 같이 내려놓자.

사람의 크기는 이루어놓은 뜻이 아니라, 내려놓은 뜻으로 재는 건지도 모른다. 사람의 그릇은 쌓아올린 뜻이 아니라, 내려놓음의 깊이로 재는 건지도 모른다. 세운 뜻을 기필코 이루는 인생도 멋있지만, 아름다운 일을 위해 기꺼이 내 뜻을 꺾을 줄 아는 인생이야말로 정말로 아름답고 큰 인생이다. 주기도를 통해 주님은 우리를 크고도 아름다운 삶으로 초대하신다. 내가 너희를 위하여 내려놓았듯이, 너희도 나를 위하여 내려놓아라. 응답할 자는 내려놓음으로 응답하자. 아버지여, 여기 나의 뜻을 내려놓사오니 내 뜻이 아니라 아버지의 뜻이 이루어지소서.

지혜로운 기도

다음으로 지혜로운 기도다. 나의 뜻이 아니라, 아버지의 뜻이 이루어지소서. 이 기도는 크고 아름다운 기도와 더불어, 참 똑똑하고 지혜로운 기도다. 심지어 내막을 아는 사람에게는 지극히 계산적인 기도라고 할 수 있다. 왜냐하면, 내 뜻이 이루어지는 것보다 아버지의 뜻이 이루어지는 것이 나에게 훨씬 유익하고 행복하기 때문이다. 나의 소망이 이루어지는 것보다, 나를 향한 아버지의 뜻이 이루어지는 것이 훨씬 나를 영광스럽게 하기 때문이다.

내 뜻이 이루어지는 불행

우리가 뜻을 이루기를 간절히 바라는 이유는, 그것이 나에게 유익하다고 생각하기 때문이다. 기를 쓰고 내 뜻을 관철시키려 애쓰는 것은, 거기에 나의 행복이 있다고 믿기 때문이다. 그런데 과연 그러한가? 정말로 그 길이 나에게 가장 유익한 길인가? 경험으로 알지만, 그렇지 않은 경우가 많다. 우리의 판단이 틀린 경우가 너무나 많다. 서양 격언에 인간이 인간인 것은 실수해서 인간이라는데, 여기에 근시안이어서 인간이라고 해도 좋을 것이다. 오판의 원인이 주로 근시안에 있으니까 말이다.

대학 시절 생각의 깊이가 남달랐던 선배가 있었다. 어느 날 지옥을 정의하기를, "지옥이란, 우리 기도가 다 응답되면 그게 지옥이야." 이게 무슨 말인가. 기도가 다 응답되면 지옥이라니. 기도하는 쪽쪽 응답되면 그게 천국이지, 어찌 지옥이란 말인가. 얼핏 의아했지만, 곰곰이 생각하면 참 명언이다. 우리의 기도가 때로 얼마나 속물적이고, 얼마나 이기적인가. 무엇보다 우리의 기도가 얼마나 근시안적인가. 불량식품 사달라고 조르는 아이마냥, 장차 나에게 해가 될 것을 멋모르고 구하는 경우가 얼마나 많은가. 이 땅 사람들의 소원이 다 이루어지면 그 난장판 정말 볼만 할 것이다.

천국이란, 때로 나의 기도가 거절되는 세상이다. 아버지의 사랑 안에서 나의 기도가 거절되는 세상, 아버지의 섭리 안에서 나의 기도가 반려되는 세상이야말로 정말로 내가 소망해야 할 천국이다. 거기에 나의 행복이 있고, 거기에 가장 두둑한 나의 성취가 있다. 옹졸한 근시안의 내 소원이 아니라, 판세를 읽을 줄 아는 하나님의 지혜로운 뜻이 이루어질 때, 그때 비로소 나에게도 묵직한 행복이 임할 것이다. 이것을 믿는 사람이

드리는 기도가 바로 주기도 세 번째 간구다. 아버지여, 간절히 구하오니, 무지한 나의 뜻을 꺾으시고 오직 아버지의 거룩한 뜻이 나에게 이루어지소서. 믿음으로 아멘.

하나님을 긴장하게 하는 기도

내 딸아이가 나보다 지혜로움에 감사한다. 몇 해 전 딸아이가 조용히 묻기를, "아빠, 어디에 지원하면 좋을까요?" 대학 입시가 다가오던 시점이었는데, 전공을 무엇으로 해야 할지, 대학은 어디로 지원해야 할지, 그걸 아버지인 나한테 묻는 거다. 어찌 보면 당연한 일인데, 많은 생각이 스쳤다. 30년 전 나도 입시를 치렀는데, 나는 한 번도 아버지께 물어본 적이 없다. "아버지, 어디에 지원하면 좋을까요?" 옛날 농촌 어른들이 자주 그렇듯, 아버지는 대학은커녕 초등학교도 제대로 못 나오셨다. 그래서 혼자 고민하고, 혼자 결정하고, 대학도 그렇게 들어왔는데, 그땐 스스로 대견하다고 생각했는데, 돌아보면 물어볼 걸. 이제야 후회하기를 물어볼 걸.

두 가지 면에서 후회가 남는다. 우선은 혼자 생각하고 판단해서 그런지 시행착오가 많았다. 고민해서 들어간 전공이지만, 막상 들어가서 보니 내가 생각하던 길이 아니었다. 물어볼 걸. 그런데 더 무겁게 드는 생각은, 물어보는 것이 자식의 도리였다는 송구함이다. 비록 아버지가 현실적인 조언을 해주지는 못해도, 물어보는 것이 예법이었다는 생각이 든다. 육신의 아버지로서 내 삶에 그 정도 지분(持分)은 충분하지 않은가. 딸아이의 물음 앞에, 이 아이가 나를 아버지로 존중하는구나, 묘한 뿌듯함이 든다. 부담스러우면서도 참 행복했다. 그런데 나는 왜 아버지께 물어보지 못했을까. 나는 왜 아버지께 그 당연한 뿌듯함을, 나는 왜 선물하지 못했을까.

딸아이의 물음을 받고는 기도할 수밖에 없었다. 내 경험을 토대로 조언도 하지만, 기도할 수밖에 없었다. 사랑하는 아이에게 중요한 결정이니까. 더욱이 아버지라고 그 중요한 일을 나한테 상의해 준 아이가 고마워서. 어느 때보다 긴장하며 기도했다. 기도의 열정이 그리 깊지 않은 사람인데, 그땐 그렇게 기도가 나왔다. 사랑하는 아이의 일이니까.

하나님을 긴장하게 하는 기도가 있다. 표현이 외람될 수 있지만, 나의 아버지인 하나님을 긴장하게 하는 기도가 있다. 40일 금식기도도 그러하고, 새벽기도도 귀하다. 그런데 그보다 더욱 "아버지, 제가 어떻게 하기를 바라세요?" 묻는 기도가 아닐는지. 한 걸음 더 나아가 "아버지, 나의 뜻이 아니라 아버지의 뜻을 이루어주세요." 이 기도야말로 하나님의 마음을 긴장하게 할 것이다. 아버지니까. 우리에게 가장 좋은 것을 주시기를 원하시는 아버지니까.

떼쓰듯 강청하는 기도도 귀하지만, 아버지의 뜻을 구하는 기도야말로 하나님을 거룩한 긴장으로 이끌 것이다. 나를 위한 거룩한 긴장으로 말이다. 아버지니까. 나를 너무나 사랑하시는 아버지니까. 그런 의미에서 세상에서 가장 힘세고 지혜로운 기도가 있다면 바로 이 기도다. "나를 사랑하는 아버지여, 나의 뜻이 아니라 나를 향한 아버지의 뜻을 이루어주소서." 아멘.

기도

주기도 세 번째 간구를 일컬어 무슨 기도라 부르면 좋을까? 마지막으로 이렇게 정리하고 싶다. 그냥 기도다! 아무런 수식어도 달지 않은 채, 그냥 기도! 흔히들 기도는 관철이라고 생각한다. 나의 뜻을 관철시키는 것이 기도라고 말이다. 새벽이슬 맞으며 정안수를 떠놓고 천지신명께 빌던 시절부터, 우리의 관념 속에는 그런 기도관이 자리를 잡은 듯하다. 그런데 진실을 말하건대, 기도는 관철보다 깊다. 기도는 응답보다 오묘하다. 기도란, 내 뜻을 관철시키는 게 아니라, 오히려 내 뜻을 내려놓는 자리다.

　기도의 참맛이 어디에 있을까? 기도의 세계가 그리 깊지 않은 사람이지만, 작은 경험을 담아 조심스레 이렇게 고백할 수 있다. 기도의 참맛은 나의 계획이 무너지는 것이요, 기도의 참맛은 내 뜻이 뒤틀리는 것이다! 경험이 있는 자는, 아멘하라. 물론 내 계획이 무너진다고 해서 실패라는 의미는 아니다. 내 뜻이 꺾인다고 해서 나란 존재마저 꺾이는 게 아니다. 내 계획이 무너진 곳에 내 계획보다 더 아름다운 나를 향한 하나님의 계획이 들어오고, 내 뜻이 꺾인 자리에 나를 위한 하나님의 놀라운 계획이 들어오는 것, 그게 기도다.

신앙 체험이 그리 많지 않은 필자에게 하나님이 선물로 주신 사건이 있었다. 유학 공부를 떠난 목사들에게 공통된 기도 제목이 있는데, 돌아와서 일할 사역지다. 고국을 오래 떠나있었기에 사역지를 얻는 것이 쉽지 않다. 그래서 누구나 공부를 마칠 무렵 이 기도가 간절해지는데, 감사하게도 예전 담임목사님의 소개로 평소에 존경하던 목사님과 연락이 닿았다. 논문을 마무리하면 부목사로 청빙을 하겠노라고 하셨다. 참 감사했다. 기도의 응답이라고 생각했다. 이제 논문만 마무리하면 되었다.

그러던 어느 날 예기치 않은 사고가 터졌는데, 대학원장이 내 논문에 대해 이의를 제기했다. 지도교수님의 허락을 받아 거의 마무리 단계에 있던 논문인데, 너무나 당황스러웠다. 게다가 대학원장님 전공은 설교학이 아니었다. 내 전공인 설교학 교수가 허락한 논문을 타전공 대학원장이 이의를 제기한 것이다. 지도교수님의 설득에도 소용이 없었다. 역사가 꽤 오랜 학교였는데, 그 학교에서도 거의 전례가 없는 일이라고 한다. 논문을 다시 써야 할 상황이었다.

막막했다. 가슴이 답답했다. 죽고 살 문제는 아니지만, 이

일을 어찌해야 하나. 유학 막바지니 은행잔고는 바닥을 드러내고, 한국 갈 계획에 마음이 들떠 있는 가족들 보기도 너무 민망했다. 무엇보다 교회가 너무 아까웠다. 멀리서 참 존경하던 분인데, 그분 곁에서 목회를 배울 생각에 참 행복했는데, 일이 뒤틀어질 상황이었다. 한국에 연락하니 당회를 열기 전 몇 주간 말미를 주실 수 있다고 했다. 기도할 수밖에 없었고, 기도했다.

대학원장도 만나고, 지도교수도 만나고, 돌아와서는 기도하고. 그렇게 며칠을 보냈다. 기도를 하는데, 너무 답답하니 앉아서 기도할 수가 없었다. 그래서 뛰면서 기도했다. 집 근처에 커다란 잔디밭 공원이 있었는데, 트랙을 돌면서 기도했다. 해결해 달라고. 대학원장의 마음을 돌려달라고. 응답은 더뎠다. 결국 응답은 오지 않았다. 결국 그 교회를 포기해야 했다. 목사님께 이번에 졸업하기 어렵겠다는 메일을 쓰는데, 마음이 많이 아팠다. 기도가 응답되지 않을 때, 이렇게 아프구나. 계획이 뒤틀리고 뜻이 꺾일 때, 이렇게 아프구나.

글을 쓰면서 그때의 기억이 아련히 떠오른다. 남들 보기엔 별 일 아닌 거 같아도, 나로선 참 힘겨웠다. 자존감도 많이 무너졌다. 그런데, 며칠 뒤 대학원장에게서 연락이 왔다. 일종의 절충안이었는데, 논문을 일부만 고치면 승인을 하겠다는 거였다. 기쁜 소식이면서도 허탈했다. 욕 나올 뻔했다. '진작 그럴 것이지. 이제 와서 이럴 거면 며칠만 일찍 그렇게 하지.' 타이밍이 왜 이 모양일까. 이미 그 교회는 교역자를 결정해 버린 터였다. 하나님을 향한 아쉬움도 나왔다. '응답을 하실 거면 조금만 일찍 응답하시지.' 일이 꼬이자니 이렇게도 꼬이는구나. 참 허탈했다.

그런데 두어 주 뒤 한국에서 반가운 연락이 왔는데, 서울의 한 교회에서 담임목사 청빙이 왔다. 목사에게 담임목사 청빙만큼 영광스러운 일이 어디 있겠는가. 그런데 나에게 그런 전화가 왔다. 타이밍이 꼬인 게 아니었다. 하나님의 응답은 늦은 게 아니었다. 내 조급함이 빨랐을 뿐이다. "깊도다 하나님의 지혜와 지식의 풍성함이여, 그의 판단은 헤아리지 못할 것이며 그의 길은 찾지 못할 것이로다."(롬 11:33) 뜻을 이루는 삶도 행복하지만, 하나님의 계획 가운데 뜻이 꺾이는 삶은 더 행복하다. 내가 주도하는 삶도 멋있지만, 하나님의 인도하심에 휩쓸리는 인생은 더욱 행복하다.

기도는 관철이 아니다

주기도 세 번째 간구에서 정말로 기도를 배운다. 기도가 무엇인가? 기도는 관철이 아니다. 기도는 내 뜻을 이루는 하나님과의 담판이 아니다. 오히려 기도는 겸손함으로 하나님의 인도하심 안으로 들어가는 통로다. 내 뜻을 내려놓고, 하나님의 뜻을 믿음으로 받는 것이 기도다. 그래서 기도는 입으로도 하지만, 더욱 많이 귀로 한다. 주여, 말씀하시옵소서. 내가 주의 뜻을 따르겠나이다.

나의 기도를 들으시는 분은 나의 아버지기 때문이다. 기도 안에서 내가 상대하는 분은 나를 대적하는 적이 아니라, 나를 돌보시는 아버지다. 나와 두뇌 싸움을 하는 거래처가 아니라, 누구보다 마음 열어 나를 사랑하시는 나의 아버지다. 나의 뜻보다 오히려 나를 향한 그분의 뜻이 더 따뜻하다. 아버지니까. 그분의 뜻이 더 안전하고, 그분의 계획이 더 오묘하고 확실하다. 아버지니까. 그래서 지혜로운 자는 진심으로 기도하기를, "나의 뜻이 아니라 아버지의 뜻이 나에게 이루어지소서." 이 기도에 나의 진심이 담기기를 바란다. 아멘.

생각할 거리들

1 누가복음 11:5-8에서 주님이 가르치는 기도는 관철인가, 내려놓음인가?

2 끈기 있는 기도도 좋지만, 내려놓음의 기도도 성숙한 기도라는 데 당신은 동의하는가? 기도 중에 혹 내 뜻을 내려놓은 적이 있었는가?

3 내 뜻이 이루어지는 것보다 나를 향한 하나님의 뜻이 이루어지는 것이 더 행복하다는 것에 공감하는가? 혹시 경험이 있다면 나누어보자.

4 우리의 기도를 들으시는 하나님의 입장에서, 가장 어여쁜 기도는 어떤 기도일까? 가장 응답하고 싶은 기도는 누구의 어떤 기도일까?

5

오늘 우리에게
일용할 양식을 주소서

하늘에 계신 우리 아버지여
이름이 거룩히 여김을 받으시오며
나라가 임하시오며
뜻이 하늘에서 이루어진 것 같이
땅에서도 이루어지이다
오늘 우리에게 일용할 양식을 주시옵고
우리가 우리에게 죄 지은 자를 사하여 준 것 같이
우리 죄를 사하여 주시옵고
우리를 시험에 들게 하지 마시옵고
다만 악에서 구하시옵소서
(나라와 권세와 영광이 아버지께 영원히 있사옵나이다) 아멘

(마 6:9-13)

5
오늘 우리에게 일용할 양식을 주소서

일용할 양식을 주소서

주기도 후반부가 시작되는 대목이다. 주기도를 전반부와 후반부로 나눌 때, 흔히 전반부는 하나님에 대한 기도, 후반부는 우리에 대한 기도로 구분한다. 사용되는 언어만 봐도 쉽게 구별이 된다. 전반부 세 간구의 중심에 "아버지의" 혹은 "당신의"가 있었다면, 후반부 간구의 중심에는 "우리에게" 혹은 "우리를"이 있다. 후반부의 첫 간구인 "오늘 우리에게 일용할 양식을 주소서." 이 간구에 담긴 메시지는 무엇일까?

우리는 받아야 하는 존재

주기도는 간구와 더불어, 나의 존재를 돌아보게 한다. 내가 어떤 존재인지, 우리는 어떤 존재인지, 기도를 통해 나의 존재를 겸허히 돌아본다. 우리는 어떤 존재일까? 주기도 네 번째 간구가 일러주길, 우리는 받아야 하는 존재다. 주는 존재가 아니라, 받아야 하는 존재다. 주님이 우리에게 "주세요" 기도를 가르치신 이유가 뭘까? 우리는 받아야 하는 존재이기 때문이다. 부족함이 없는 넉넉한 존재가 아니고, 이것저것 부족한 존재다. 그래서 가르치시길, "주세요!"

기브 미 쪼꼴레또(give me chocolate)! 우리 민족에겐 마음 짠한 낯 뜨거운 기억이다. 미군 지프차를 따라가면서 아이들이 그렇게 소리를 질러댔다고 한다. 애처로운 눈빛으로 기브 미 쪼꼴레또. 기브 미 껌. 영어를 모르니, 무슨 뜻인지도 모르고 그냥 외쳤는지도 모른다. 먹을 게 없으니까. 전쟁의 상흔만 가득할 뿐, 아무것도 없으니까. 그래서 부끄러운 줄도 모르고, 기브 미, 기브 미 했던 것이다.

넉넉히 가진 사람은 "기브 미!" 하지 않는다. 대신 "하우 머치(how much)?" 하면 된다. 지갑을 꺼내고는 당당히 눈을 마주친 채, 이거 얼마요? 혹은 더 당당하게 심지어 거만하게, 얼마면 돼? 가진 사람은 그렇게 하면 된다. 그런데 주기도는 우리에게 그런 언어를 가르치지 않는다. 지갑을 꺼내곤 "우리의 일용할 양식이 얼마요?" 물으라고 하지 않고, 대신 빈 손 모으고 "우리에게 일용할 양식을 주소서" 간구하라고 가르친다. 주님이 이 기도를 가르치신 이유가 뭘까? 우리가 그런 존재이기 때문이다. 우리는 넉넉히 가진 존재가 아니라, 부족함이 많아서 받아야 하는 존재이기 때문이다.

비워야 산다고 가르치는 이들이 있다. 인생을 깊이 묵상한 현자들이 경건한 목소리로 가르치기를, 인생의 행복은 비움에 있다고, 비워야 행복하고, 비워야 살 수 있다고 가르친다. 맞는 말이다. 움켜잡고, 또 움켜잡아도, 인생의 행복은 요원할 때가 많이 있다. 오히려 비울 때 깊은 행복이 밀려온다. 많이 비우고 많이 행복하길 바란다. 그런데 이와 함께 우리 마음에 꼭 새겨야 할 인생의 진실이 있으니, 우리는 받아야 하는 존재다. 비움도 요긴하지만, 우리는 비움 이전에 채워야 살 수 있는 존재다. 비워야 산다는 말은, 시쳇말로 배가 부를 때 하는 소리다. 비움 이전에 더욱 절실하게 우리에겐 채움이 필요하다. 그래서 가르치신 기도가, "주세요!" 이것이 우리의 근본 언어다. 주기도가 가르쳐 주는 우리의 존재를 겸허히 기억하자. 우리는 받아야 하는 존재다.

하나님은 우리의 공급자

주기도는 나와 더불어 하나님을 고백한다. 주기도 네 번째 간구가 하나님에 관하여 일러주는 진실은 무엇일까? 나의 공급자이신 하나님, 나아가 심지어 나의 양식이신 하나님이다. 이 대목을 가르치실 때, 주님은 필시 시편 23편을 떠올리셨을 것이다. "여호와는 나의 목자시니 내게 부족함이 없으리로다." 아멘.

주님은 나의 공급자

"아버지의 이름이 거룩히 여김을 받으소서." 주기도 첫 번째 간구에서 우리는 하나님을 거룩한 분으로 고백했다. "아버지의 나라가 임하소서." 이 간구에서는 하나님을 우리의 왕으로 고백했다면, "오늘 우리에게 일용할 양식을 주소서." 이 간구에 담긴 고백은 무엇일까? 하나님은 나의 공급자, 오직 하나님만이 나의 공급자라는 고백이다.

미군이 나의 공급자라면, 주님은 필시 미군한테 기브 미! 하라고 가르치셨을 것이다. 천지신명이 우리의 공급자라면, 주님은 필시 아침에 정안수 떠놓고 천지신명께 빌라고 가르치셨을 것이다. 그런데 주께서 가르치시길, 정안수도 아니고 미군 지프차도 아니고, 그저 두 손 모아 하나님을 향해, "주세요!" 하라고 가르치신다. 왜냐하면, 하나님이야말로 우리의 공급자이기 때문이다. 오직 하나님만이 우리의 빈속을 채우시는 공급자이기 때문이다.

"여호와는 나의 목자시니 내게 부족함이 없으리로다." 인간이 지은 시 가운데 가장 아름다운 시라고 한다. 언어도 아름답고, 그려지는 풍경도 참 아름답다. 그래서 인간이 지은 시 가운데 가장 아름다운 시라고 하나 보다. 그런데 아름다운 시도 좋지만, 오히려 넉넉한 시라고 부름이 옳을지도 모르겠다. 더도 말고 덜도 말고 늘 한가위만 같아라. 그처럼 아무런 부족함이 없는 넉넉함을 노래하니 말이다. "그가 나를 푸른 풀밭에 누이시며 쉴 만한 물 가로 인도하시는도다." 등 따습고 배부른 넉넉함이 가득한 시다. 주께서 이 넉넉한 시를 우리에게 주신 뜻이 무엇일까? 하나님이 바로 그런 분이라는 메시지다. 우리 하나님은 넉넉한 하나님이시다. 우리 하나님은 한가위 하나님.

우리 하나님은 우리의 필요를 채우시는 공급자시다. "나는 너를 애굽 땅에서 인도하여 낸 여호와 네 하나님이니 네 입을 크게 열라 내가 채우리라."(시 81:10) 입을 크게 열라신다. 가득 채워주시겠다고 하신다. "나의 하나님이 그리스도 예수 안에서 영광 가운데 그 풍성한 대로 너희 모든 쓸 것을 채우시리라."(빌 4:19) 그 하나님이 우리에게 가르치시길 "구하라 그러면 너희에게 주실 것이요."(마 7:7) "구하라 그리하면 받으리니 너희 기쁨이 충만하리라."(요 16:24) 얼마나 든든한 약속들인지 모른다. 그런데 주님은 이 모든 약속을 주기도 네 번째 간구에 담아주셨다. "오늘 우리에게 일용할 양식을 주소서." 주께서 가르치신 기도이니, 우리의 기도에 반드시 응답할 것이다. 아멘. 오늘도 일용할 양식이 필요한 모든 자들에게, 풍성한 양식이 주어지길 간절히 소망한다.

주님은 나의 양식

그런데 성경을 보면, 주님은 양식의 공급자를 넘어 양식 자체가 되기도 하신다. 요한복음 6장의 오병이어 기적 직후, 주님과 제자들 사이에 묘한 대화가 오간다. 간략하게 요약하면, 주께서 먼저 제자들에게 "썩을 양식을 위하여 일하지 말고 영생하도록 있는 양식을 위하여 하라"고 가르치셨다.(27절) 이에 제자들은, "주여 이 떡을 항상 우리에게 주소서"(34절) 하고 요청하는데, 흡사 우리가 묵상하고 있는 주기도 네 번째 간구와 비슷하다. "오늘 우리에게 일용할 양식을 주소서." 바로 이때 주님의 대답이 우리를 생각에 잠기게 한다. 제자들에게 이르시길 "나는 생명의 떡이니 내게 오는 자는 결코 주리지 아니할 터이요, 나를 믿는 자는 영원히 목마르지 아니하리라."(35절)

당시 유대인들은 우리처럼 그릇에 담긴 밥이 아니라, 피자 도우처럼 둥글게 생긴 떡을 주식으로 먹었다. 하여 이 구절을 우리의 평상어로 고치면, "나는 생명의 밥이니" 혹은 "나는 생명의 양식이니"로 읽으면 된다. 무슨 말인고 하니, 주님은 스스로를 우리의 밥으로 소개하신다. 나는 너희를 위한 양식이니 나를 먹는 자는 결코 주리지 아니할 터이요, 나를 마시는 자는 영원히 목마르지 아니하리라. 주님을 먹고 주님을 마시라는 말씀이다. 믿음으로 받을 자는 주의 말씀을 열린 마음으로 받으

라. 주님이 우리의 양식이 되신다는 말씀이다. 바로 그 주님이 주기도 네 번째 간구를 가르치셨다. 하나님을 향해 "일용할 양식"을 구하라고.

여기서 묘한 진실이 도출되는데, 주기도를 통해 우리가 간구하는 "양식"은 바로 주님이다. 오늘 우리에게 일용할 "주님"을 주소서. 우리는 주님을 구하고 있다. 물론 밥그릇의 밥을 배제하는 건 아니다. 일용할 밥이 분명히 포함된다. 그러나 그게 전부는 아니다. 주기도가 간구하는 양식의 깊은 자리에 우리 주님이 계심을 기억하라. 우리의 밥이 되시는 주님.

특히 주님은 "생명의 밥"으로 소개하셨다. "나는 생명의 떡이니." 사실 모든 밥은 생명의 밥이다. 밥을 먹어야 사니까, 밥을 통해 우리가 생명을 유지하니까. 그런데 주님이 특히 생명의 밥으로 소개하시는 데는 깊고도 행복한 진실이 담겨 있다. 영원한 생명이다. 죽음을 이기는 진정한 생명이다. 주님은 우리에게 영원한 생명을 공급하시는 우리의 참된 양식이시다.

하얀 쌀밥도 일정 부분 우리에게 생명을 공급한다. 그러나 그 생명은 일시적인 생명이요, 유한한 생명이다. 길어야 100년 정도 버티는, 아쉽고도 연약한 생명이다(전 3:11[1]). 그러나 주님이 공급하시는 생명은 이와 달라서, 죽음을 이기는 생명이

---

[1] 하나님이 모든 것을 지으시되 때를 따라 아름답게 하셨고 또 사람들에게는 영원을 사모하는 마음을 주셨느니라 그러나 하나님이 하시는 일의 시종을 사람으로 측량할 수 없게 하셨도다

다. 100년을 넘어 영원으로 이어지는 영원한 생명, 그래서 진정한 생명이다. 그래서 담대히 선포하시기를, "내게 오는 자는 결코 주리지 아니할 터이요, 나를 믿는 자는 영원히 목마르지 아니하리라." 믿음으로 아멘.

성찬의 은혜

주기도는 성찬으로 이어진다. 주님의 몸과 피를 받는 성찬 말이다. 초대 기독교는 식인 종교라는 끔찍한 소문이 돌았다고 한다. 기독교도들이 지하 무덤에 모여서 아기를 잡아먹는다는 소문이었다. 도대체 어디서 이런 말도 안 되는 소문이 생겨난 걸까. 곰곰이 생각하면 대충 상황이 짐작이 간다. 필시 성찬식이었을 것이다.

누군가 우연히 성도들이 예배드리는 장면을 목격했을 것이다. 목격이라기보다 엿듣게 되었을 것이다. 들려오는 소리가 "이것은… 어쩌고저쩌고… 몸이니, 먹으라." 아니, 몸을 먹다니 이게 무슨 소리지? 귀를 의심하는데, 이어서 들려오는 소리는 "이것은… 피니 마시라." 이럴 수가, 이제 피까지 마시다니. 다시 한 번 귀를 의심하는데, 예배를 마치고 나오는 기독교도의 입가에 붉은 액체가 묻어 있다. 정말이었구나… 뭐, 이래서 기독교는 사람 잡아먹는 종교라는 오해가 빚어진 것일 게다.

웃음이 나오는 오해이지만, 한편으론 완전히 오해라고 볼 수만은 없다. 우리는 정말 주님을 먹고 산다. 우리는 주님의 생명을 우리의 생명으로 공급 받는다. 그 중심에 성찬이 있다. 성찬을 통해 우리는 주님의 몸을 먹고, 주님의 피를 마시고, 그것이 우리의 생명이 된다. 십자가에서 주님은 당신의 돈이나 당신의 양식이 아니라, 당신 자신을 내어주셨다. 당신을 먹고 마시도록 당신의 모든 것을 내어주셨고, 우리는 그 주님을 먹고 산다. 표현이 불경하다 욕하지 말라. 이 신비를 어찌 인간의 언어에 담아낼 수 있으랴. 우리를 위해 몸과 피를 내어주신 주님께 감사를 드린다.

새로운 삶을 향한 다짐

"하늘에 계신 우리 아버지여, 오늘 우리에게 일용할 양식을 주소서." 이 기도는 새로운 삶으로 들어가는 통로이기도 하다. 나눔의 삶, 그리고 신뢰의 삶으로 들어가는 통로다. 사람을 향해서는 나눔의 삶을 살고, 하나님을 향해서는 신뢰의 삶을 살겠다는 다짐을 담고 있다.

나눔의 삶을 향한 결단

주기도는 "나에게" 주실 것을 간구하지 않고, "우리에게" 주실 것을 간구한다. 응답의 수신자가 나 개인을 넘어 우리 공동체다. 하나님이 공급하시는 양식을 받을 때, 그 종착지는 내

(in my pocket)가 아니라 우리(for us)다. 나를 위한 간구가 아니라, 우리 모두를 위한 간구다. 실천적으로 번역하면, 주기도는 나눔의 삶을 다짐한다. 나만을 위해 움켜쥔 삶이 아니라, 우리를 향해 손을 펼친 나눔의 삶을 다짐한다.

주기도는 통로의 삶을 결단하는 기도다. 고인 웅덩이가 되지 않고, 흐르는 강물이 되겠다는 다짐이다. 웅덩이의 삶을 시도한 이가 있었다. 누가복음 12장에 한 부자가 등장한다. "한 부자가 그 밭에 소출이 풍성하매 심중에 생각하여 이르되 내가 곡식 쌓아둘 곳이 없으니 어찌할까 하고."(16-17절) 농사가 어찌나 잘 되었는지 곡식을 보관할 창고가 모자랄 지경이다. 참 행복한 고민이 아닌가. 고민하고 또 고민하다 창고를 더 짓기로 결심한다. 그러면서 하는 말이 "내 영혼아 여러 해 쓸 물건을 많이 쌓아 두었으니 평안히 쉬고 먹고 마시고 즐거워하자."(19절) 그런데 이 부자를 향하여 하나님이 말씀하시길, "어리석은 자여 오늘 밤에 네 영혼을 도로 찾으리니 그러면 네 준비한 것이 누구의 것이 되겠느냐."(20절) 나눔이 없는 삶, 나눔을 거절하는 창고에 대한 경고다.

고인 물은 썩는다. 자연의 이치가 그러하다. 흐르지 못하게 가둔 물, 그래서 고인 물은 녹조가 끼고 썩어 악취가 난다. 그런데 이것은 단지 자연의 이치만은 아니다. 자연의 이치를 통해 우리에게 들려주시는 하나님의 경고의 음성이다. 나눔을 거절하는 삶은 썩을 것이다. 흐르지 않은 물이 썩듯이, 나눔이 없는 삶은 허망함으로 썩을 것이다. 그래서 지혜 있는 자는 주님의 공급을 받을 때, 닫힌 창고가 아니라 열린 나눔으로 받을 것이다.

나눔을 거절하는 것은, 주기도의 눈으로 보면, 어리석음을 넘어 심지어 배달 사고의 향취마저 난다. 마땅히 전달해야 할 것을 중간에 갈취하는 것을 배달 사고라고 하는데, 배달 사고는 어두운 뒷골목 거래에만 존재하는 게 아니다. 우리의 일상에도 존재한다. 주께서 나에게 양식을 주심은 단지 나만을 위해서가 아니다. 우리를 위한 양식이다. 주기도에서 우리는 "나에게"가 아니라 "우리에게" 일용할 양식을 주시기를 구했고, 주님은 그렇게 응답하셨다. 나눔을 거절하는 것은, 주께서 우리에게 주신 양식을 나의 창고에 가두는 일이다. 누가복음 16장의 부자의 잘못이 바로 여기에 있지 않을까. 주기도가 있는 곳에 나눔이 있을 것이다.

신뢰의 삶을 향한 다짐

또한 주기도는 하나님을 향한 신뢰의 삶을 다짐한다. 사람을 향한 나눔과 더불어, 주기도는 주님을 향한 신뢰의 삶으로 인도한다. 오늘 우리에게 "일용할" 양식을 주소서. 주기도는 1년치 양식이 아니라 하루치 양식을 구한다. 일주일치도 아니고, 딱 하루치 양식이다. 무슨 의미일까? 매일매일 주님을 의지하며 살라는 거다. 창고는 욕심의 상징이기도 하지만, 불안(不

安)의 상징이기도 하다. 내일에 대한 염려와 불안을, 양식으로 가득한 창고로 해소하는 것이다. 이에 주기도는 창고를 거절하고, 하나님을 향한 매일의 신뢰를 삶의 중심에 세운다.

광야에서 하나님이 만나를 공급하실 때, 한 가지 원칙이 있었다. 내일을 위해 보관하지 말라는 거였다. "모세가 그들에게 이르기를 아무든지 아침까지 그것을 남겨두지 말라."(출 16:19) 생각하면 참 의아한 원칙이다. 유비무환이라고 했다. 평온한 시기에도 대비하는 것이 지혜이거늘, 하물며 거칠고 험한 광야에서 내일을 대비하지 말라고 명하신다. 이유가 무엇일까? 오직 주님만을 의지하라는 명령이다. 창고가 아니라, 오직 주님을 의지하라.

광야 40년은 주님을 신뢰하는 훈련의 시간이었다. 곡식 가득한 창고가 아니라 주님을 의지하는 훈련이었다. 창고가 아니라 주님을 바라보며, 주님으로 인해 안도하고 평안을 누리는 훈련의 시간이었다. 창고가 아니라, 오직 주님만이 우리의 공급자이기 때문이다. 그러나 백성은 자주 하나님을 신뢰하지 못했고, 모세는 하나님의 마음을 대신해 그들에게 진노한다. "그들이 모세에게 순종하지 아니하고 더러는 아침까지 두었더니 벌레가 생기고 냄새가 난지라. 모세가 그들에게 노하니라."(출 16:20) 주기도는 무책임한 삶을 가르치지 않는다. 게으른 한량의 삶으로 초대하지도 않는다. 다만 하나님을 의지하는 삶으로 우리를 초대한다.

그러므로 염려하여 이르기를 무엇을 먹을까 무엇을 마실까 무엇을 입을까 하지 말라. 이는 다 이방인들이 구하는 것이라 너희 하늘 아버지께서 이 모든 것이 너희에게 있어야 할 줄을 아시느니라. 그런즉 너희는 먼저 그의 나라와 그의 의를 구하라. 그리하면 이 모든 것을 너희에게 더하시리라(마 6:31-33).

오늘 우리에게 일용할 양식을 주소서! 매일매일 주님을 신뢰하며 살겠다는 다짐의 기도다. 오늘도 주님을 신뢰하며 살아가는 모든 이들에게 행복하고도 풍성한 하루가 되기를 바란다.

생각할 거리들

1. 식사를 앞에 두고 "이 귀한 음식을 우리에게 주심을 감사합니다." 하고 기도하는데, 나의 진심인가? 정말로 그 음식을 주님이 주셨다고 고백하는가? 자녀들에게도 그렇게 가르치고 있는가?

2. 1년치 양식 혹은 평생 먹을 양식이 아니라, 하루치의 양식을 구하게 하신 하나님의 뜻은 무엇일까?

3. 하나님의 공급은 단지 나를 위함이 아니라, 우리를 위함이라는 말에 동의하는가? 이 원리를 어떻게 실천할 수 있을까?

4. 주님은 나의 공급자를 넘어, 주님 자신이 나의 양식이라는 말에 공감하는가? 성찬의 의미에 대해 나누어 보자.

6

우리 죄를 용서하여 주소서

하늘에 계신 우리 아버지여
이름이 거룩히 여김을 받으시오며
나라가 임하시오며
뜻이 하늘에서 이루어진 것 같이
땅에서도 이루어지이다
오늘 우리에게 일용할 양식을 주시옵고
**우리가 우리에게 죄 지은 자를 사하여 준 것 같이
우리 죄를 사하여 주시옵고**
우리를 시험에 들게 하지 마시옵고
다만 악에서 구하시옵소서
(나라와 권세와 영광이 아버지께 영원히 있사옵나이다) 아멘

(마 6:9-13)

삶에서 은혜 받는 주기도문

6
우리 죄를 용서하여 주소서

인터넷 용서론

용서, 참 아름다운 단어다. 인터넷 검색창에 이 아름다운 용서라는 단어를 두드려 보았다. 엄청난 글들이 올라오는데, 제일 먼저 떠오른 문장이 이거였다. "용서란 마음의 분노를 지우는 멋진 지우개다." 분노가 우리의 마음에 얼마나 무거운 짐이 되는지 경험으로 잘 안다. 그런데 그 무거운 짐을 싹 지워버리는 마법의 지우개가 있으니, 용서란다. 고개가 끄덕여진다.

조금 내려가니 이번에는 "요일별 용서"라는 글귀가 보인다. "월요일엔 나 자신을 용서하세요. 화요일엔 가족을 용서하세요. 수요일엔 친구들을 용서하시고, 목요일엔 국가를 용서하세요…." 용서해야 할 사람이 참 많은가 보다. 다큐멘터리도 있다. "대한민국 화해 프로젝트, 용서" EBS에서 늦은 밤에 방송되었다고 하는데, 무려 67회나 이어졌다고 한다. 이래저래 우리 삶에 용서가 차지하는 자리가 꽤 큼지막하다.

    용서에 관한 수많은 글들이 올라오는데, 그 틈바구니 속에 두 가지 정도 공통분모가 느껴진다. 우선은 나는 용서를 "하는" 사람이라는 생각이다. 용서는 내가 "할" 수도 있고, "받을" 수도 있는데, 대부분의 글에서 나는 용서하는 사람으로 묘사된다. 둘째, 마음의 평안이다. 용서의 연관 검색어가 여럿 올라오는데, 1위가 "용서해야 하는 이유"다. 용서란 것이 결코 쉬운 일은 아니지만, 그럼에도 왜 용서해야 할까? 많은 이들이 대답하길, 마음의 평안을 얻기 위해서란다. 용서하지 못하면 마음에 분노만 쌓이고, 그것이 나를 할퀴고 심지어 육신의 병으로 나타나기도 한다. 그러니 용서하고 마음의 평안을 얻으라.

    인터넷 용서론을 한 문장으로 정리하면 이 정도가 될 것이다. "용서하라. 그러면 마음의 평안을 얻을 것이니라." 인터넷도 사람의 공간이다. 몸이 들어오진 않지만, 사람 마음과 사람의 생각이 들어오고 나간다. 동시대 사람들의 생각을 알아보는 데는 참 유용한 통로가 된다. 그런 의미에서 용서에 관한 우리 시대 사람들의 생각을 한 문장으로 정리하면, "용서하라. 그러면 마음의 평안을 얻을 것이니라." 공감이 되는가? 그렇다. 우리도 이 시대를 살아가고 있는 동료이니 일정 부분 공감의 고개가 끄덕여진다.

그러나 경험으로 알다시피, 우리의 생각이 항상 옳은 것은 아니다. 많은 사람이 공감한다고 해서 꼭 진실은 아니다. 타락으로 인한 죄성은 우리의 도덕성만이 아니라, 우리의 판단력에도 깊은 흠집을 남겼다. 해서 우리의 생각이 그릇될 때가 많고, 왜곡된 경우도 많다. 그래서 다수의 생각이라고 해도, 다시금 돌아보고 점검할 필요가 있다. 오히려 많은 이들의 공감을 얻는 생각일수록, 그래서 당연하다고 생각되는 것일수록 더욱 신중하게 성경의 거울에 비춰볼 필요가 있다.

오늘 주께서 우리에게 내미시는 거울은 이거다. "우리가 우리에게 죄 지은 자를 용서하여 준 것같이, 우리 죄를 용서하여 주소서." 주기도 다섯 번째 간구를 통해 용서에 관한 진실에 다가가 보자.

나는 용서 받아야 할 죄인이다

용서에 관한 제일 진실은, 우리는 용서를 받아야 할 죄인이라는 사실이다. 인터넷은 우리를 용서해야 할 사람으로 이해하지만, 성경의 생각은 다르다. 우리는 용서해야 할 사람 이전에, 용서를 받아야 할 죄인이다. 오늘의 기도문을 문자 그대로 번역하면 이렇게 읽을 수 있다. "우리 죄를 용서하여 주소서, 우리가 우리에게 죄 지은 자를 용서하여 준 것 같이." 문장이 꽤 길지만, 기도문의 중심 골격은 "용서하여 주소서"다. "우리가 우리에게 죄 지은 자를 용서하여 준 것 같이"는 일종의 꾸미는 말이고, 간구의 중심은 "용서하여 주소서"로서, 주님께 용서를 구하는 회개의 기도다. 늘 묻는 질문이지만, 주께서 이 기도를 우리에게 가르치신 이유가 무엇일까? 우리가 죄인이기 때문이다. 우리는 누군가를 용서해야 할 사람 이전에, 용서 받아야 할 죄인이기 때문이다.

그런데, 죄인이 제일 모르는 것이 이거다. 내가 죄인이라는 사실을 잘 모른다. 영어도 꽤 알고, 수학도 곧잘 아는데, 내가 죄인이라는 사실은 잘 모른다. 그리고 죄인이 제일 못 보는 것이 자신의 죄다. 남의 죄는 기가 막히게 찾아내는데, 자기 죄는 잘 못 본다. 주님도 한탄하시길, "어찌하여 형제의 눈 속에 있는 티는 보고 네 눈 속에 있는 들보는 깨닫지 못하느냐."(마 7:3) 남의 죄는 그렇게 잘 보이는데, 내 죄가 눈에 잘 안 들어온다.

그래서 죄인이 제일 못하는 것이, 용서를 구하는 일이다. 회개를 못하고, 사과하기를 싫어한다. "제가 잘못했습니다. 용서해 주십시오." 시쳇말로 목에 칼이 들어와도 하기 싫어하는 소리다. 자기 죄를 알아도 용서를 구하기 싫어하는데, 숫제 자기 죄를 모르는 경우도 허다하다. 이 대목에서, '그래, 김 집사 보면 딱 그래. 정말 자기 잘못을 모른단 말이야.' 하고 생각하는 분이 있다면… 그야말로 전형적인 죄인의 모습이다.

"나는 의인을 부르러 온 것이 아니요 죄인을 부르러 왔노라."(마 9:13) 사람을 함부로 나누는 건 결코 바람직한 일은 아니지만, 현실적으로 나누어지기도 한다. 심지어 주님도 사람을 둘로 나누신다. "나는 의인을 부르러 온 것이 아니요 죄인을 부르러 왔노라." 행간을 잘 읽어야 하는데, 주님이 지금 사람을 의인과 죄인으로 구분하고 있을까? 그렇게 읽었다면, 표면만 읽은 겉-읽기다. 행간에 나타난 주님의 의중을 살피건대, 주님은 죄인과 죄인으로 구분하고 계신다. 자기가 죄인인 줄을 아는 죄인과, 자기가 의인인 줄로 착각하는 죄인으로 구분하고 계실 뿐이다.

세상에 의인이 어디 있으랴. "의인은 없나니 하나도 없으며."(롬 3:10) 그저 자기가 의인인 줄 착각하는 어리석은 죄인과, 그나마 자기가 죄인인 줄 아는 죄인이 있을 뿐이다. 주님이 찾으시는 사람은 자기가 죄인인 줄 아는 죄인, 그래서 주님 앞에 용서를 구하는 죄인이다. 주님은 바로 그런 사람을 구원하러 오셨다. 그런 사람이 주님께 나와서 구원을 받는다.

그런데 막상 주님이 이 땅에 오시니 그런 사람이 별로 없다. 자기가 죄인인 줄 아는 죄인이 잘 없다. 상처 받은 사람은 너무나 많은데, 남에게 상처를 준 사람은 잘 없다. 남한테 해코지 당한 사람은 지천으로 늘려 있는데, 그래서 억울한 사람은 너무나 많은데, 남한테 아픔을 준 사람은 잘 없다. 모두가 억울

하고, 모두가 속상한 사람들만 가득하다. 그런 세상을 향해 주님이 넌지시 기도문 하나를 내미신다. "아버지, 내가 죄인입니다. 나의 죄를 용서하여 주소서." 주기도의 거울에 비친 나의 모습은 용서해야 할 사람 이전에, 용서 받아야 할 죄인이다.

치유를 통한 평안 vs. 용서를 통한 구원

용서에 관한 두 번째 진실, 용서의 목적은 마음의 평안이 아니라, 죄인의 구원이다. 인터넷 용서론에서 중용되는 또 하나의 단어는 마음의 평안이다. "용서하라. 그러면 마음의 평안을 누리리라." 나름 일리 있는 가르침이다. 그러나 성경의 가르침은 그것과는 미세하지만 근본적인 차이가 있다. 성경이 가르치기를, 용서는 마음의 평안이 아니라 우리의 구원을 위한 주님의 은혜다. 구원을 통해 마음의 평안을 얻을 수 있지만, 마음의 평안 자체가 목적은 아니다.

언젠가부터 우리의 대화에 상처와 치유가 큰 자리를 차지한다. 혹은 영어를 써서 힐링을 이야기하는 사람들이 많다. 아이들도 그렇고, 어른들도 그렇고, 많은 이들이 상처를 이야기하고, 많은 이들이 치유를 이야기한다. 가정에서도 상처를 이야기하고, 교회도 예외가 아니어서 목장 모임에서도 상처를 이야기하고, 셀 모임에서도 상처 치유를 위해 기도한다. 여기도 상처, 저기도 치유… 상처와 치유… 워낙 그 이야기를 많이 하고 듣다보니, 마치 그것이 우리 신앙의 중심 골격이라는 느낌이 들 정도다. 그만큼 우리에게 절박한 문제이기 때문일 것이다.

그러나 성경이 말하기를, 우리는 치유 받아야 할 상처 이전에, 용서 받아야 할 죄가 있는 사람이다. 주님이 가르치신 기도는 "우리의 상처를 치유하여 주소서"가 아니라, "우리의 죄를 용서하여 주소서"다. 그것이 우리 실존의 근본 문제이기 때문이다. 상처의 존재를 부인하거나, 치유의 필요성을 무시하는 말이 아니다. 상처와 치유가 비기독교적이거나, 비신앙적이라는 말도 아니다. 우리의 신앙은 우리의 삶 구석구석을 아우른다. 아무리 사소해도 우리에게 절박한 문제라면, 주님도 깊은 관심을 표하신다. 다만 우리 신앙의 중심은 상처의 치유가 아니라, 죄의 용서라는 사실을 분명히 하자는 거다.

상처에 집중하는 것은 우리의 실존에 대한 일종의 겉읽기다. 마치 수박을 겉만 핥듯이, 우리 실존의 근본 문제를 건드리지 못하고 그저 겉만 읽는데 그친다는 말이다. 겉-읽기의 위험성은 진정한 속-읽기를 막는 걸림돌이 될 수 있다는 데 있다. 우리의 근본된 문제인 죄를 도외시하고, 그저 우리 마음의 상처에만 집중하게 할 수 있다. 마음의 평안을 추구하는 치유 역시 일종의 겉-치유에 불과하다. 한 번 더 주님이 가르치신 기도를 주목하라. 주님이 가르치신 기도는 "우리의 상처를 치유하여 주소서"가 아니라, "우리의 죄를 용서하여 주소서"다. 우리는 마음의 치유가 필요한 상처 입은 사람 이전에, 죄의 용서가 필요한 죄인이다.

우리에게 정말 필요한 것이 상처의 치유였다면, 주님은 십자가에 달리시지 않고, 상담자가 되었을 것이다. 우리의 마음을 달래줄 따뜻한 위로자가 되었을 것이다. 우리에게 필요한 것이 질병의 치유였다면, 주님은 십자가보다 의사가 되었을 것이다. 그런데 주님은 이 땅에 오시는 첫날부터 십자가를 향해 나아가셨고, 기어코 십자가에 달리셨다. 우리에게 필요한 것은 마음의 평안 이전에 죄의 용서라는 사실을 잘 아셨기 때문이다. 주님은 우리의 상처가 아니라 우리의 죄를 짊어지고 십자가에 달리셨다. 우리의 근본 문제는 상처 이전에 죄요, 우리의 근본 치유는 위로 이전에 용서이기 때문이다.

상담자와 의사의 역할을 결코 가벼이 보는 건 아니다. 주님도 이 땅에서 자주 상담자와 의사의 역할을 행하셨다. 수많은 병자들이 주님의 손을 통해 고침을 받았고, 많은 이들이 주님의 말씀으로 위로를 받았다. 그러나 우리를 위한 주님 사역의 중심은 상처의 치유가 아니라, 죄 용서의 십자가였다. 그분은 치유자 이전에 우리의 죄를 대신한 어린 양이었다. 우리 인생에게 정말로 필요한 것은 치유를 통한 마음의 평안이 아니라, 죄 용서를 통한 구원이기 때문이다. 주기도 앞에서 이 진실을 꼭 마음에 새기자. "주님, 나는 위로 받아야 할 사람 이전에, 용서 받아야 할 죄인입니다. 나의 죄를 용서하여 주소서." 아멘.

용서 받을 그릇을 준비하라

이제 덧붙이는 말의 의미를 묵상해보자. "우리가 우리에게 죄 지은 자를 사하여 준 것 같이." 앞서 살펴본 대로 주기도 다섯 번째 간구의 중심은 "우리 죄를 용서하여 주소서"다. 그런데 여기에 조건이라고 해야 할까, 수식어라고 해야 할까, 묵직한 연결어가 따라붙는다. "우리가 우리에게 죄 지은 자를 용서한 것 같이." 이 대목을 어떻게 이해해야 할까? 주님이 우리 죄를 용서하시는 것과 우리가 다른 사람의 죄를 용서하는 것 사이에는 어떤 관계가 있을까?

둘 사이에 밀접한 관계가 있는 것은 분명하다. 산상수훈에서 주님은 친히 이 둘의 관계에 대한 해설을 덧붙이신다. "너희가 사람의 과실을 용서하면 너희 천부께서도 너희 과실을 용서하시려니와, 너희가 사람의 과실을 용서하지 아니하면 너희 아버지께서도 너희 과실을 용서하지 아니하시리라."(마 6:14-15) 둘은 어떤 관계일까? 어떻게 이해해야 할까?

제일 먼저 떠오르는 단어는, 그릇이다. 나의 용서는 주님의 용서를 받는 그릇이 아닐는지. "우리가 우리에게 죄 지은 자를 용서"하는 것은 주님의 용서를 받기 위한 그릇이라는 의미가 아닐는지. 아무리 귀한 선물도 그릇이 준비되지 않으면 받을 수 없다. 그릇이 준비되지 않으면, 주는 사람이 주더라도 받는 사람이 감당을 못하고 귀한 선물이 결국 쏟아지고 만다. 그

꼬맹이가 원하던 닭죽처럼 말이다.

　어릴 적부터 유난히 똘똘한 고향 친구가 있다. 중견 목회자가 된 지금도 그 시절의 눈빛이 살아있는 듯하다. 이 친구가 네댓 살 무렵 이웃집에 놀러 갔다가 맛있는 닭죽을 얻어먹은 모양이다. 어린 입맛에도 참 맛있었던지, 한참 놀다가 집에 돌아갈 때가 되었을 때, 닭죽을 집에까지 좀 챙겨가고 싶어졌단다. 똘똘하지 않은가. 그때가 늦가을이라 스웨터를 입고 있었는데, 스웨터 주머니를 내밀면서 "아줌마, 여기 닭죽 좀 담아주세요. 집에 가서 먹게요." 했다고 한다. 이건 똘똘하다고 해야 하나, 귀엽다고 해야 하나.

　아주머니가 닭죽을 주었을까, 안 주었을까? 안 주었다. 아니, 못 주었다. 아주머니가 닭죽을 아까워해서가 아니다. 그랬다면 애초에 주었을 리도 없다. 주지 않은 이유인즉, 그릇이 준비되지 않았기 때문이다. 스웨터 주머니로는 도무지 닭죽을 받을 수 없기 때문이다. 장난감 딱지라면 몰라도, 갖고 놀던 구슬이라면 몰라도, 닭죽은 그 주머니로 담아낼 수가 없다. 만일 아이 고집에 못 이겨 닭죽을 스웨터 주머니에 담아주었다면 어떻게 되었을까. 닭죽도 버리고 스웨터도 버렸을 것이다. 그릇이 준비되지 않으면 줘도 받을 수가 없고, 귀한 선물만 허비된다. 그래서 주시는 말씀이 "우리가 우리에게 죄 지은 자를 용서한 것 같이"가 아닐는지. 그게 주님의 용서를 받는 그릇이라는 의미가 아닐는지.

마태복음 18장에 스웨터 주머니에 닭죽을 받은 어리석은 죄인이 나온다. "그러므로 천국은 그 종들과 결산하려 하던 어떤 임금과 같으니, 결산할 때에 만 달란트 빚진 자 하나를 데려오매."(23-24절) 만 달란트면 상상하기 힘든 엄청난 금액의 빚이다. 그런데 감사하게도 임금님은 종의 빚을 탕감해준다. 거대한 용서의 은혜를 입은 것이다. 그런데 안타깝게도 그 종에겐 그 큰 은혜를 받을 그릇이 전혀 준비되어 있지 못했다. 자기에게 백 데나리온 빚을 진 친구가 있었는데, 그를 용서하지 못한 것이다.

결국 그 친구를 감옥에 처넣는데, 이 소식을 들은 임금님이 그 종을 불러 크게 꾸짖는다. "내가 너를 불쌍히 여김과 같이 너도 네 동료를 불쌍히 여김이 마땅하지 아니하냐."(33절) 임금님의 말이 이렇게도 들린다. "너는 내가 베푼 큰 은혜를 받을 그릇을 전혀 준비하지 못했구나." 임금님은 만 달란트의 탕감이라는 거대한 선물을 준비했지만, 어리석은 종은 그 귀한 선물을 받을 그릇을 전혀 준비하지 못했다. 너무나 옹졸한 그릇이었다. 임금님이 그 종을 옥에 처넣는다. 그릇이 준비되지 않은 종에겐, 받은 은혜도 다 쏟아져 버린다.

주님의 비유를 읽으면서 불길한 생각이 음습한다. 우리를 향한 하나님의 용서가 철회될 수도 있단 말인가? 만 달란트의 죄를 탕감 받았던 종이 다시금 감옥에 던져지는 모습이 우리를 적잖이 부담스럽게 한다. 우리를 향한 주님의 용서가 철회될 수도 있다는 말인가? 나아가 우리의 구원이 철회될 수도 있단 말인가? 문자적인 의미로는 그럴 가능성을 완전히 배제할 수가 없다. 만 달란트 빚 탕감이 철회되지 않았는가. 그러나 용서의 철회는 성경이 가르치는 하나님의 모습과는 왠지 어울리지 않는다. 지속적으로 범죄하는 이스라엘을 끝까지 인내하시는 하나님의 열정을 생각할 때, 철회라는 단어는 글쎄… 아무리 생각해도 글쎄다.

그렇다고 나를 향한 하나님의 용서와, 다른 사람을 향한 나의 용서가 별개의 사안이라고 보기도 어렵다. 비유를 통해, 그리고 직접 말씀을 통해, 주님은 둘 사이에 밀접한 관계가 있음을 재삼 강조하신다. 그렇다면 둘은 어떤 관계에 있을까? 이에 대한 오랜 고민과 나름의 묵상 끝에 떠올린 단어가, 그릇이다. 주님의 마음을 헤아리건대, 나의 용서는 나를 향한 주님의 용서를 받는 그릇이라는 의미가 아닐는지.

주님의 비유는, 용서 철회가 아니라, 다만 그릇을 준비하라는 주님의 경고로 받기로 하자. 주의 은혜를 받으려 한다면 그릇을 준비해야 한다는 주님의 다그침으로 받기로 하자. 비유 속 옹졸한 종의 모습이 우리에겐 결코 낯설지 않다. 용서 받기는 좋아하면서 용서 하기엔 인색한 것이, 우리를 닮아도 참 많이도 닮았다. 그러한 우리에게 주님은 비유를 통해 강하게 권면하신다. "너희를 위한 용서의 은혜가 준비되었으니, 그에 합당한 그릇을 준비하라." 송구한 마음으로, 아멘.

내 안에 주님의 용서를 받은 흔적이 있는가?

흔적으로 보면 어떨까? 계속해서 나를 향한 주님의 용서와, 다른 사람을 향한 나의 용서의 관계를 묵상하는데, 불현듯 이 구절이 떠오른다. "내가 내 몸에 예수의 흔적을 지니고 있노라."(갈 6:17) 복음이 들어온 후에도 할례를 강조하는 이들을 향해 바울이 일갈하는 장면이다. 너희들은 몸에 있는 할례를 자랑하는지 몰라도, 나는 내 몸에 예수의 흔적을 지니고 있노라. 나의 용서는 주님의 용서의 흔적이 아닐는지.

물론 바울이 갈라디아서에서 말하는 흔적은 지금 우리가 묵상하고 있는 내용과는 차이가 있어 보인다. 그러나 "예수의 흔적"이라는 개념은 주기도 다섯 번째 간구를 이해하는 데 요긴한 열쇠를 제공한다. 무언가 내 안에 들어오면 흔적이 남는다. 좋은 것도 흔적이 남고, 나쁜 것도 흔적이 남는다. 마찬가지로, 주님의 용서가 내 안에 들어올 때도 모종의 흔적을 남긴다. 그게 바로 다른 사람을 향한 나의 용서가 아닐는지.

용서가 되지 않는 사람이 있는가? 도무지 용서가 되지 않는 사람이 있는가? 살짝 이야기하면, 필자에게도 떠오르는 얼굴이 있다. 혹 그 사람은 내 얼굴이 떠오를지도 모르겠다. 여하튼, 용서하기 힘든 사람이 있다. 이유가 뭘까? 왜 나는 그 사람을 용서하지 못할까? 그 사람이 나한테 너무 큰 잘못을 범했기 때문일 수 있다. 그런데 주기도 다섯 번째 간구는 조금 다른 가능성을 제기한다. 혹 주님의 용서가 내 안에 거하지 않기 때문이 아닐는지.

작은 물살은 작은 흔적을 남기고, 큰 물살은 큰 흔적을 남기고, 거대한 쓰나미는 그에 걸맞은 거대한 흔적을 남기는 법이다. 작은 용서를 받은 사람에겐 작은 흔적이 남고, 큰 용서를 받은 사람 안에는 큰 용서의 흔적이 남는 법이다. 나에게 임한 주님의 은혜는 어떤 흔적을 남기게 될까? 하늘을 두루마리 삼고 바다를 먹물 삼아도 한없는 하나님의 사랑 다 기록할 수 없겠네. 그 주님의 은혜가 내 안에 들어왔다면, 내 안에는 어떤 흔적이 남게 될까? 정말로 그게 사실이라면, 어떤 흔적이 남아 있어야 할까? 필시 그 사람도 용서할 수 있을 것이다. 적어도 그 사람이 나한테 가한 해코지는 하늘 두루마리 바다 먹물 급은 아니니까. 말은 쉬운데, 그럼에도 용서의 마음을 품기란 참 어려운 걸 보면….

조금은 두려운 마음으로 우리 스스로를 점검해 볼 필요가 있다. 나는 저 사람을 용서할 수 있는가? 다른 말로, 주님의 용서가 내 안에 들어와 있는가? 이거 참, 두려운 질문이다. 무언가 내 안에 들어오면 분명히 흔적을 남긴다. 주님의 용서가 내 안에 들어왔다면, 그 또한 큼지막한 흔적을 남길 것이다. 내 안에 그 흔적이 있는가? 다른 말로, 나도 나에게 죄 지은 사람을 용서할 수 있는가? 그렇기를 바란다.

십자가를 기억하라

주기도 다섯 번째 간구는 용서를 구하는 기도다. 모든 간구가 그러하지만, 진심을 담은 간구여야 한다. 용서를 구하되 진심으로 구해야 한다. 진심으로… 내가 죄인이라는 사실을 진심으로 고백하며 용서를 구하라. 또한 나도 남을 용서하겠다는 굳은 각오로 주님의 용서를 구하라. 여기에 마지막으로 주님이 선물하시는 용서가 얼마나 귀한 선물인지를 기억하고 용서를 구하라는 말을 덧붙이고 싶다. 십자가를 기억하라.

주님의 용서는 단순한 선심이 아니다. 남아도는 기념품 하나 던져주시는 게 아니다. 참혹한 대가를 지불하신 두려운 선물이다. "그가 찔림은 우리의 허물 때문이요 그가 상함은 우리의 죄악 때문이라 그가 징계를 받으므로 우리는 평화를 누리고 그가 채찍에 맞으므로 우리는 나음을 받았도다."(사 53:5) 우리의 죄는 우리가 아는 것 이상으로 무겁고, 주님의 용서는 우리가 생각하는 것 이상으로 힘겨운 선물이다. 피 묻은 선물이요, 주님의 목숨이 들어간 선물이다. 그만한 각오와 감사를 담아 두렵고 떨림으로, 송구한 마음으로 용서를 구하라. 진심을 담은 사죄 기도를 통해 참된 용서의 은혜가 우리에게 임하기를 소망한다.

생각할 거리들

1 진심으로 용서를 구하여, 용서를 받은 기억이 있는가? 혹은 진심으로 용서를 구하는 사람을 용서해 준 기억이 있는가? 그때 기분은 어떠한가?

2 나는 용서 받아야 할 죄인인가, 아니면 용서해야 할 피해자인가? 용서라는 말을 떠올릴 때, 내가 용서해야 할 사람이 먼저 떠오르는가, 아니면 찾아가서 용서를 빌어야 할 나의 죄가 먼저 떠오르는가?

3 용서를 빌지 않는 사람도 용서해야 할까? 자기 잘못도 모르고, 그래서 나한테 사과도 하지 않는 사람도 내가 용서해야 할까?

4 내가 저 사람을 용서하는 것이, 나를 향한 주님의 용서를 받는 그릇이라는 비유에 대해 공감하는가? 내 안에 주님의 용서를 받을 그릇이 준비되어 있는가?

7

우리를 죄와 악에서 구하소서

하늘에 계신 우리 아버지여
이름이 거룩히 여김을 받으시오며
나라가 임하시오며
뜻이 하늘에서 이루어진 것 같이
땅에서도 이루어지이다
오늘 우리에게 일용할 양식을 주시옵고
우리가 우리에게 죄 지은 자를 사하여 준 것 같이
우리 죄를 사하여 주시옵고
**우리를 시험에 들게 하지 마시옵고
다만 악에서 구하시옵소서**
(나라와 권세와 영광이 아버지께 영원히 있사옵나이다) 아멘

(마 6:9-13)

7
우리를 죄와 악에서 구하소서

보호와 구원

주기도의 마지막 간구는 보호와 구원의 간구다. "우리를 시험에 들게 하지 마시옵고 다만 악에서 구하시옵소서." 시험에서 '보호'하시고, 악에서 '구원'해 주시기를 간구한다. 두 개의 간구지만, 의미상 하나로 봐도 무방하다. 동사에 주목하면, 첫 간구는 "들게 하지 마소서", 그리고 이어지는 간구는 "구하시옵소서"인데, 이름을 붙이자면 전자는 사전 간구요, 후자는 사후 간구다. 힘겨운 시련 혹은 악한 시험에 빠지지 않게 사전에 보호해달라는 뜻으로 "들게 하지 마시옵고." 그리고 원치 않지만 악에 빠졌다면 사후에라도 거기서 꺼내달라는 의미로 "구하시옵소서." 이 간구에 담긴 의미는 무엇일까? 혹은 이 간구를 우리에게 가르치신 이유가 무엇일까?

세상이 위험하다

무엇보다 세상이 위험하기 때문이다. 주기도 마지막 간구에는 우리가 살아가는 세상에 대한 경고가 들어있다. 주기도를 묵상할 때는 간구의 내용과 함께 이면에 숨은 동기를 살피는 것이 요긴하다. 주기도는 한 구절, 한 간구도 허투루 만들어진 게 없다. 시쳇말로 주께서 한 땀 한 땀 깊은 뜻과 동기를 품고 만드신 기도문이다. 겸허한 마음으로 묵상하고, 주께서 주신 메시지를 마음에 담아 기도할 필요가 있다.

세상이라는 단어 앞에 붙일 수 있는 수식어가 많다. '아름다운' 세상, '평온한' 세상, '희망찬' 세상, '살맛나는' 세상, 심지어 두 팔 벌리고 '내' 세상! 나름 의미 있는 수식어들이지만, 주기도가 추천하는 수식어는 '위험한'이다. 우리 사는 세상은 평온해 보여도 위험한 세상이요, 아름답게 보여도 도처에 위험요소들이 많은 세상이다.

추억의 유머가 있다. 한 아저씨가 영어 때문에 죽은 이야기. 아저씨가 느지막이 영어를 배우기 시작했는데, 배움이라는 것이 그렇듯이, 참 재미있고 설레었다. 밤늦도록 영어 단어

외우느라 몸은 피곤했지만, 마음만은 늘 행복했다. 그런데 어느 날 이 분이 싸늘한 시신으로 발견되는데, 부검 결과 독극물을 마셨단다. 왜 그랬을까? 사는 게 너무 힘들었을까? 영어를 잘못 읽어서란다. D.A.N.G.E.R. 독극물 병에 표기된 글귀다. 위험하니 먹지 말라고, Danger. 그런데 아저씨가 처음 배운 영어라, 발음 그대로 읽은 거다. 단-거-ㄹ. 그래서 설탕인 줄 알고 마셨다는 이야기.

썰렁한 유머지만, 그래도 한 토막 진실은 들어 있다. 우리 사는 세상이 위험하다는 진실이다. 위험한 세상이다. 세상이라는 거대한 병에 D.A.N.G.E.R.을 붙여야 할 판이다. 갈수록 세상이 무섭고 위험하다. 우리나라가 참 안전한 나라에 속했는데, 이제 꼭 그렇지만은 않은 것 같다. 몇년 전부터 파출소에서 여성들을 위한 귀가 동행 서비스를 제공한다는 뉴스를 보았다. 이름이 '안심' 귀가 서비스란다. 이제 안심하고 집으로 가세요! 그런데 그 말을 듣는 순간 왠지 마음이 불안해진다. 그 동안 많은 여성들은 위험한 귀가를 하고 있었다는 의미가 아닌가. 그러고 보면 밤길이 참 위험해졌다.

중국에서 가슴 철렁한 전화가 왔었다. 중3 딸아이를 한 달 남짓 중국에 보낸 적이 있다. 아는 형님이 국제학교를 운영했는데, 숙박비 정도만 내면 딸아이 연수를 시켜주겠다고 해서, 큰 맘 먹고 보냈었다. 조금 걱정도 되었지만, 형님과 형수님이 있으니까. 열흘 정도 지났을 무렵 아이와 평소처럼 전화 통화를 하는데, 가슴이 철렁. 오늘 친구하고 둘이서 북경 시내를 다녀왔단다. 그것도 택시를 타고 갔다 왔단다. 순간 나도 모르게 "너 미쳤어?"

여자애들끼리 택시를 타고 시내를 다녀오다니, 그것도 중국에서. 심지어 돌아올 때는 혼자 타고 왔단다. 제 딴에는 중국말로 택시를 탈 수 있다고 우쭐해서 한 말인데, 부모 가슴은 철렁. 중국어는 몇 마디 배웠는지 몰라도 세상 무서운 줄은 아직 잘 모르나 보다. 하룻강아지 범 무서운 줄 모른다는 말이 이래서 나왔나 싶다. 얼마 전 뉴스에, 대만을 여행하던 한국 여대생 세 명이 택시기사에게 성폭행을 당했다는 기사가 나왔었다.

위험은 중국에만 있는 게 아니다. 하루 종일 머무는 내 사무실에도 있다. 언젠가 뉴스에 라돈의 위험성을 보도한 일이 있다. 라돈은 일종의 방사성 물질인데, 폐암과 관련이 있다고 한다. 한 여성이 폐암에 걸렸는데, 일생 담배를 입에도 대지 않은 분이다. 간접흡연도 아닌 것이, 가족 중에 담배 피는 사람도 없단다. 그런데 왜 폐암일까 추적을 해보니, 집안에 라돈 수치가 높았다고 한다. 아파트 외장재로 사용되는 석고보드에서 라돈이 방출될 수 있는데, 그게 폐암의 원인이 될 수 있다고 한다. 라돈, 이름도 생소하고 눈에 보이지도 않는 것이 우리를 위협하고 있었던 것이다.

그런데 다음 날 교회로 출근하고 보니, 천장에 석고보드가 가득하다. 천장 전체가 석고보드에, 벽면도 석고보드. 왠지 방송에서 본 것과 동일한 회사 제품인 거 같다. 기분이 영 찜찜하다. 혹시나 해서 바로 옆방 교역자실엘 갔더니, 거기 천장은 석고보드가 아니고 그냥 시멘트 벽면이다. 아니, 왜 내 사무실만? 관리집사님한테 내가 없을 때 내 방 환기를 많이 해달라고 부탁했다. 장마철이라 그런지 퀴퀴한 냄새가 난다고 둘러댔지만, 사실은 라돈 때문이었다. 목사로서 라돈, 석고보드 이야기 하긴 좀 그랬나 보다. 그런데 한 편 생각하면, 대한민국에 석고보드가 사용되지 않은 건물이 어디 있을까. 피할 데가 없다.

이래저래 위험한 세상이다. 그래서 주님이 보호와 구원의 간구를 가르치셨다. 우리를 보호하소서. 우리를 구원하소서. 오늘도 무사히! 버스회사 정문에 놓인 입간판에 한 아이가 간절하게 기도를 올리고 있다. 두 손을 모으고 기도하기를, 오늘도 무사히! 이유 없이 세운 입간판이 아니다. 가족들의 마음이고, 사실은 우리 모두의 간절한 소망이다. 가족의 안전을 바라는 모든 이의 간구가 오늘도 응답되기를 소망한다.

죄가 위험하다

한걸음 더 나아가, 주기도 마지막 간구를 우리에게 가르치신 이유는, 죄가 위험하기 때문이다. 주기도 마지막 간구는 죄의 위험성을 경고한다. 우리 사는 세상이 위험하다고 할 때, 주기도는 특히 죄에 주목한다. 교통사고도 위험하고, 여성들 밤길도 위험하지만, 죄가 위험하다. 라돈도 위해하고, 근자에는 미세먼지도 위해하지만, 주기도는 강조하기를 죄가 더욱 위해하다. 그래서 간구하기를, 우리를 죄악에서 구원하여 주소서.

죄(罪)라는 글자가 참 묘하게 생겼다. 한자를 보면, 꼭 지네 같다는 생각도 든다. 넓적한 대가리에 몸뚱이 양쪽으로 털처럼 발들이 빽빽하게 난 징그러운 모양이다. 고3 시절 독서실 옆방에 있던 친구가 발뒤꿈치에 지네를 물린 적이 있었다. 거의 손가락만한 커다란 놈이었는데, 친구의 발에서 떨어지질 않았다. 억지로 떼어낸 자리에는 작지만 선명한 구멍이 송송 흉측하게 남아 있었다. 지네에 독이 있다는 말에, 독서실 실장님 오토바이를 타고 급하게 병원으로 달려가던 모습이 선하다. 지금 생각해도 참 징그럽게 생긴 놈이다. 중국 사람들이 죄라는 글자를 왜 지네 모양으로 만들었는지 모르지만, 꽤 공감할 수 있는 대목이다.

여하튼 성경은 죄에 대해 관심이 많다. 세상은 돈에 관심이 있고, 건강에 관심이 많지만, 성경의 관심은 죄에 모아진다. 성경 초두부터 그러하다. 창세기 초두에 "태초에 하나님이 천지를 창조하시니라." 천지만물이 어디서 왔는지를 소개하는 대목인데, 이게 마무리 되자 성경은 바로 죄 이야기로 들어간다. 뭐가 그리 급한지, 그 거대한 창조 과정은 간략하게 축약해서 보여주고, 아담과 하와가 죄를 범하는 장면은 시시콜콜 자세하게 기록한다. 아담과 하와의 죄만이 아니라, 가인의 죄, 온 땅에 퍼져간 죄, 급기야 죄에 대한 심판까지, 창세기는 창조 이야기보다 오히려 죄 이야기라는 생각이 들 정도다.

구약 성경의 원리적 골격이라고 할 수 있는 십계명도 마찬가지, 온통 죄 이야기다. 십계명은 크게 두 부분으로 나눈다. 앞부분은 하나님에 관한 계명, 그리고 뒷부분은 사람에 대한 계명. 그런데 내용을 살피면 결국 하나님께 짓지 말아야 할 죄, 그리고 사람에게 짓지 말아야 할 죄의 목록이다. "말라, 말라" 하는 이유가 다 죄를 열거하고 있기 때문이다. 거룩한 성경이 죄 이야기를 그렇게 많이 한다. 죄에 대한 관심은 신약에 이르러서도 전혀 잦아들지 않는다. 성경이 반지라면 반지의 보석이라고 일컫는 중요한 성경이 있으니, 로마서다. 교회 역사의 중심에 늘 등장하는 성경 중의 성경인데, 이 로마서가 또 온통 죄 이야기다. 죄의 기원, 죄의 종류, 죄의 결과 등등. 죄 시리즈 설교하기엔 로마서가 제일 좋다.

여기서 질문, 성경은 왜 이렇게 죄에 관심이 많을까? 그것도 성경의 핵심부마다 왜 이렇게 죄를 이야기하고 또 이야기할까? 답은 간단하다. 중요하기 때문이다. 우리 삶에 죄가 차지하는 자리가 그만큼 크기 때문이다. 특히 위험성 측면에서 그렇다. 무언가가 우리 삶에 중요하다고 말할 때, 그 의미는 두 갈래다. 긍정적인 측면의 중요성이 있는가 하면, 부정적 측면의 중요성도 있다. 내 삶에 유익한 보탬이 되기 때문에 놓쳐서는 안 되는 중요한 것들이 있다. 긍정적인 측면에서 중요한 것들이다. 돈, 건강, 지혜 등이 거론될 수 있다. 그런데 내 삶에 전혀 보탬은 되지 않지만, 결코 소홀히 할 수 없는 것들이 있다. 위험하기에 중요한 것들. 앞서 언급한 라돈, 미세먼지 등이 여기에 해당한다. 성경은 그 무엇보다 죄가 그렇다고 가르친다.

성경은 말하길, 죄는 위험하다. 그것도 굉장히 위험하다. 그래서 우리 삶에 너무나 중요한 요소다. 그런데 세상은 그 사실을 잘 모른다. 죄가 그렇게 위험한지를 잘 모른다. 라돈이 위험한 줄은 알고, 북한 핵이 위험한 줄은 뼈저리게 느낀다. 그래서 누구나 경각심을 가지고 뉴스에 촉각을 곤두세운다. 그런데 죄가 우리 삶에 그렇게 위험한가에 대해서는, "글쎄… 죄야 뭐, 좋은 건 아니지만. 나쁘기는 하지만, 뭐, 그럴 수도 있지. 나름 좋은 것도 있지 않나?" 세상의 생각을 잘 알기에, 성경은 더욱 단호하고도 반복적으로 죄의 위험성을 경고한다.

성경이 말하길, 죄의 무게감은 죽음의 무게다. "죄의 삯은 사망이요."(롬 6:23) 죄는 우리의 생명을 해친다. 성경에 의하면 인간의 가장 큰 두려움과 고통인 죽음은, 다름 아닌 죄의 결과물이다. 환경오염이나 핵개발의 결과 이전에, 죽음은 죄의 결과물이다. "선악을 알게 하는 나무의 열매는 먹지 말라 네가 먹는 날에는 반드시 죽으리라."(창 2:16) 태초에 하나님이 창조하신 인간은 죽음을 모르는 존재였다. 주께서 마련하신 에덴

동산은 생명으로 충만한 동산, 죽음의 그림자가 범접하지 못하는 생명의 동산이었다. 그런데 왜 지금 인간은 죽어가는 존재가 되었고, 죽음을 두려워하는 처지가 되었는가? 성경은 말하길, 죄 때문이다.

인간의 죽음은 그 무엇보다 죄의 결과다. 질병이 죽음을 가져오고, 사고가 죽음을 가져오지만, 근본에는 죄가 자리하고 있다. 질병과 사고는 인간에게 드리운 죽음을 집행하는 통로일 뿐, 애초에 인간에게 죽음이 들어오게 된 단초는 죄다. 그래서 성경은 창세기 초장부터 죄에 집중한다. 죄가 처리되지 않는 한, 아무리 석고보드를 갈고, 북한 핵을 처리해도, 우리 사는 이 땅은 안전한 땅이 될 수 없기 때문에. 죄가 처리되지 않는 한, 인간은 죽음의 위협에서 자유로울 수 없기 때문에. 그래서 성경은 오늘도 죄에 대한 관심의 끈을 놓지 않는다.

"우리를 죄악에서 구원하소서." 주기도 마지막 간구는 매우 절박한 기도다. 죄의 위험성, 그것도 치명적인 위험성을 알기에, 주기도는 일용할 양식을 구한 뒤 바로 죄의 용서를 구했고, 또 이어서 죄악에서 우리를 구해주실 것을 간구한다. "주여, 우리를 죄와 악에서 구원하여 주소서." 우리의 생명과 우리의 삶에 가장 치명적인 위험성을 지닌 죄로부터 우리를 구원하여 주소서. 이 절박한 기도가 응답되기를 소망한다.

죄는 강하다

또 한 가지, 주기도가 죄와 시험으로부터의 보호를 구하는 이유는, 죄가 강하기 때문이다. 죄가 우리를 끄는 힘이 강하기 때문에, 심지어 내 힘으로 뿌리치기 어려울 만큼 죄의 힘이 강하기 때문에, 그래서 나보다 강하신 주님의 도움을 구한다. 주여, 나를 죄의 유혹으로부터 보호하여 주소서.

쥐-러브(love)라는 이름을 혹 들어보았는지. 우리말로 옮기면 쥐-사랑인데, 이름에 걸맞지 않게 쥐덫이다. 시골에서 쥐는 꽤 골칫거리다. 쥐를 잡는 다양한 제품이 나와 있는데, 내가 본 것 가운데는 가장⋯ 어떻게 말할까, 인상적이었다. 효과도 탁월했다. 구조는 간단해서, 마분지 위에 검은 비닐이 붙어 있다. 그런데 비닐의 가장 자리만 마분지에 붙어 있고 가운데 부분은 풍덩하게 부풀어 올라있다. 그리고 그 검은 비닐 위에는 강력한 접착제가 묻어 있다. 쥐가 지나가다가 비닐에 발이 닿는 순간 게임 끝이다.

쥐가 처음에는 대수롭지 않게 생각한다. 쇠로 된 덫도 아니고, 쇠꼬챙이에 찔린 것도 아니고, 그냥 비닐이니까. 대충 떼어내면 된다고 생각하고 다른 발로 지지를 하고 떼어내려고 하는데, 그러면 다른 발마저 걸려든다. 이번엔 뒷발을 지지하고 들러붙은 두 발을 떼어내려고 하는데, 뒷발마저 달라붙는다. 그렇게 몸통도 들러붙고, 그렇게 얼굴도 달라붙고, 결국엔 온 몸이 끈끈이에 달라붙는다. 푸덕푸덕 푸덕푸덕 제 몸을 떼어내려는 쥐의 안간힘이 새벽녘까지 들려온다. 그러다 소리가 잦아드는데, 아침에 나가보면 피를 토하고 죽어 있다. 너무 징그러워서 나 같은 새가슴으로는 버리기도 징그러웠다. 쥐를 너무나 사랑하여, 피를 토하고 죽기까지 놓아주지 않는 쥐-러브.

쥐-러브와 죄-러브. 묘하게 겹친다. 우리를 시험에 들게 하지 마옵소서. 기도가 필요한 것은, 죄의 유혹이 그만큼 강하기 때문이다. 죄의 유혹이 얼마나 강한지는 보통 사람은 잘 모른다. 뿌리쳐 본 사람만 안다. 뿌리쳐 보지 않은 사람은 그 힘을 알 수가 없다. 언제든 뿌리칠 수 있다고 생각하지만, 막상 떨쳐버리려고 하면 생각대로 되지 않는 게 죄다. 자세한 이야기를 했다간 나만 곤란할 수 있으니 여기서 접고, 다윗 이야기로 대신한다.

돌멩이 다섯 개로 거인 골리앗을 무너뜨린 대장군이 있었다. 믿음의 고백도 아름다워서 "너는 칼과 창과 단창으로 내게 나아오거니와 나는 만군의 여호와의 이름 곧 네가 모욕하는 이스라엘 군대의 하나님의 이름으로 네게 나아가노라."(삼상 17:45) 아름다운 고백에 믿음의 용기, 그야말로 위인 중의 위인이다. 그런데 이 위대한 다윗도 죄의 유혹 앞에서는 쥐-러브 앞의 쥐 꼴이 되고 말았다.

여인의 목욕 장면을 바라볼 때만 해도 그리 대수롭지 않게 생각했을 것이다. 잠시 보다가 말면 되니까. 그런데 죄의 유혹이라는 게 그리 간단한 게 아니다. 눈길이 가면 마음도 가고, 마음이 가면 몸도 따라간다. 한 발이 달라붙으면 다른 발도 달라붙고, 결국 온 몸이 달라붙는 쥐-러브처럼. 다윗이 결국 여인을 불러들여 몹쓸 짓을 한다. 점점 일이 커지는데, 덜컥 여인이 임신을 했고, 그걸 숨기기 위해 전장에 나가있던 남편 우리야를 불러들이지만, 우리야는 너무나 신실한 사람이라, 전우들이 아직도 싸우고 있는데 아내와 동침할 수 없다며 한뎃잠을 잔다. 이때라도 다윗이 돌이켰더라면 참 좋았을 것이다. 그러나 죄라는 놈이 그리 간단한 게 아니다. 결국 다윗은 자기 죄를 덮기 위해 그 신실한 우리야를 살인교사한다.

죄는 강하다. 그래서 기도가 필요하다. 나의 힘으로 되는 일이 아니기에, 하나님의 도우심이 필요하다. 골리앗을 물리칠 때도 주의 도우심이 필요하지만, 죄의 유혹을 물리칠 때도 동일한 주의 강력한 도우심이 필요하다. 그래서 주께서 우리에게 가르치셨다. "주여, 나를 죄의 유혹에 들게 하지 마시옵고, 혹 들었다면 주의 능력으로 나를 건져 주소서." 주의 은혜로 우리의 기도가 응답되기를 간절히 소망한다.

죄의 흉측함을 보게 하소서

죄를 뿌리칠 힘이 없는 게 아니라, 때로 죄를 뿌리칠 마음이 없다. 죄라는 것이 중국 사람이 만든 글자처럼 흉측하게 생겼으면 좋은데, 때로 죄가 매력적일 때가 있다. "여자가 그 나무를 본즉 먹음직도 하고 보암직도 하고 지혜롭게 할 만큼 탐스럽기도 한 나무인지라."(창 3:6) 하와가 죄에 빠지던 장면인데, 죄의 현실을 너무나 정확하게 꿰뚫고 있다. 그 나무가 흉측하게 생겼고, 그 열매에서 악취가 풍겼더라면, 어쩌면 하와는 시험에 빠지지 않았을지도 모른다. 그런데 죄라는 게 당최 그렇게 생겨먹질 않았다. 한 입 머금으면 하루의 피로가 싹 풀릴 듯이 탐스럽게만 생겼다.

주기도 마지막 간구를 이렇게 읽을 수도 있을 것이다. 죄의 흉측함을 볼 줄 아는 눈을 주소서. 죄의 악취를 맡을 수 있는 후각을 주소서. 죄의 치명적 결과를 느낄 줄 아는 촉각을 주소서. 유혹에 넘어간 게하시에게 나병이 발병한 것은 우연이 아닐 것이다. 죄가 무엇인지, 죄의 결과가 무엇인지, 주께서 시각적으로 보여주신 사건이다. 유혹 보기를 나병 같이 하라. 글이 자꾸 격해지는 건, 그게 쉽지 않음을 누구보다 잘 알기 때문이다. 그럼에도 다시 한 번 구하기를, 주여 우리를 유혹에 들게 하지 마시옵고, 다만 악에서 구하소서. 주의 은혜로 이 소중한 기도가 꼭 응답되기를 바란다.

생각할 거리들

1 우리 사는 세상이 위험하다는 데 공감하는가? 우리 사회에서 가장 위험한 곳, 가장 큰 위험 요소는 무엇일까?

2 죄가 해롭다는 데 공감하는가? 중한 질병과 중한 죄, 둘 중에 나한테 더 큰 피해를 가져오는 것은 무엇일까?

3 죄가 나쁜 줄 알면서도 죄를 짓는 이유는 무엇일까? 죄에도 나름 좋은 점이 있기 때문일까, 아니면 그냥 버릇이 되어서 그런 걸까?

4 다윗은 도대체 왜 그렇게 큰 죄를 연속적으로 저지른 것일까? 시편도 쓰고, 기도도 많이 한 사람이 왜 그렇게 죄의 늪으로 깊이 빠져버린 것일까?

8

주기도인은 누구인가?

하늘에 계신 우리 아버지여
이름이 거룩히 여김을 받으시오며
나라가 임하시오며
뜻이 하늘에서 이루어진 것 같이
땅에서도 이루어지이다
오늘 우리에게 일용할 양식을 주시옵고
우리가 우리에게 죄 지은 자를 사하여 준 것 같이
우리 죄를 사하여 주시옵고
우리를 시험에 들게 하지 마시옵고
다만 악에서 구하시옵소서
(나라와 권세와 영광이 아버지께 영원히 있사옵나이다) 아멘

(마 6:9-13)

8
주기도인은 누구인가?

주기도인(人)은 누구인가?

주기도를 묵상하는 중에 불현듯, 주기도인이라는 이름이 떠오른다. '주기도'에다 사람 인(人) 자를 붙여서, 주기도인. 흔히 쓰는 이름이 아니니 어색하면서도, 왠지 의미가 있어 보인다. 주기도를 나의 기도로 받는 사람, 그래서 주기도를 나의 기도로 드리는 사람이 바로 주기도인이다. 그래, 나는 주기도인이다. 그런데 주기도가 가지는 무게감과 기도를 가르치신 주님의 마음을 생각하면, 앞에다 부사어를 하나 다는 게 좋겠다. 진심으로! 주기도인이란 누구인가? 진심으로 주기도를 나의 기도로 받는 사람, 그래서 진심으로 주기도를 나의 기도로 드리는 사람, 그 사람이 주기도인이다.

주기도인이라, 그리스도인의 다른 이름으로 썩 괜찮은 이름이 아닌가? 그리스도께서 이루고자 하신 일이 주기도에 담겨 있고, 그리스도께서 제자들을 통해 이루어 가실 일이 주기도에 담겨 있다. 하여 주기도를 나의 기도로 받음은 곧 주기도를 가르치신 주님을 나의 주님으로 모심을 의미한다. 그리스도를 믿고 따르는 사람이 그리스도인이라면, 그리스도인은 다름 아닌 주기도인이다. 주기도인, 이 아름다운 이름이 우리 모두의 이름이기를 바란다. 주기도인이란 어떤 사람일까?

탄식할 줄 아는 사람

먼저, 탄식할 줄 아는 사람이다. 주기도에는 탄식이 배어있다. 세상을 향한 탄식이 있고, 주의 백성과 나를 향한 탄식이 있다. "아버지의 이름이 거룩히 여김을 받으소서." 하나님의 이름이 거룩히 여김을 받지 못하는 불의한 현실에 대한 탄식에서 나오는 기도다. "아버지의 나라가 임하소서." 마땅히 임해야 할 하나님의 통치가 온전히 임하지 못하는 불합리한 현실에 대한 탄식의 기도다. 세상이 이럴 수가! 내가 이럴 수가! 교회가 이럴 수가! 주기도를 나의 기도로 받는다는 것은, 그 탄식을 나의 탄식으로 받음을 의미한다.

흔히들 신앙은 기쁨과 감사라고 생각한다. 맞는 말이다. 성경은 여기저기 기쁨을 가르치고 감사를 노래한다. 항상 기뻐하라. 범사에 감사하라. 여호와는 나의 목자시니 내게 부족함이 없노라. 바라기는, 이 땅 모든 성도들에게 기쁨과 감사가 넘쳐나기를 소망한다. 그러나 그게 전부는 아니다. 성경에는 기쁨도 있지만 곳곳에 눈물이 있다. 감사도 있지만 곳곳에 탄식이 서려있다. 이사야가 탄식했고, 예레미야도 탄식했다. 심지어 우리 주님도 때로 슬퍼하셨고, 때로 탄식하셨다. 우리 사는 세상의 현실이 그러하기 때문이다.

그런 의미에서 주기도인은 현실을 보는 사람이다. 소위 의식이 있는 사람이다. 순진해서 현실을 보지 못하거나, 비겁하게 현실을 외면하는 사람이 아니다. 세상의 부조리를 직시하고, 썩어 문드러져 가는 현실을 아픈 마음으로 직시하는 사람이다. 교회의 허물을 직시하고, 교회 안에 횡행하는 악행을 아픈 가슴으로 직시하는 사람이다. 그래서 탄식하는 사람, 그 사람이 주기도인이다.

탄식은 불평과는 다르다. 원망과도 다르다. 탄식은 불평보다는 아픔이고, 원망보다는 보듬음이다. 탄식은 세상을 향해 혀를 차거나, 누군가를 향해 손가락질을 하지 않는다. 오히려 부조리한 현실을 아파하고, 누군가를 위해 눈물을 흘린다. 그게 탄식이다. 탄식은 격한 말로 비판하거나, 네 탓이라고 정죄하지 않는다. 오히려 할 말을 잃은 답답함으로, 그저 하나님 앞에 그 부조리한 세상의 일부로서 두렵고 떨림으로 엎드린다. 그게 탄식이다. 우리 안에 탄식이 있기를 바란다. 기쁨과 감사도 있지만, 때로 탄식이 있기를 바란다. 그 날이 바로 주기도가 내 가슴에 들어온 날이다.

비전을 품는 사람

주기도인이 어떤 사람이냐? 이제 분위기를 바꿔서, 그럼에도 불구하고 소망을 품는 사람이다. 탄식하지만, 탄식에도 불구하고 소망을 품는 사람, 부조리한 현실을 개탄하지만 그럼에도 그 세상을 향하여 비전을 품는 사람, 그 사람이 주기도인이다.

 어린 시절 울다가 웃으면 어디에 뭐가 난다고 놀리곤 했는데, 이제 보니 주기도인이 그러하다. "하늘에 계신 우리 아버지여." 기도로 들어서는 순간, 희망의 불씨가 되살아난다. 현실은 어둡지만, 하나님은 어둔 세상의 빛과 희망이 되신다. 그래서 주기도인은 울다가도 웃을 수 있고, 탄식하다가도 이내 소망을 품을 수 있다.

 하박국 선지자가 그랬다. 바라본 현실은 지극히 어두웠다. 오죽하면 하나님께 심판을 요청한다. 그러나 결국 희망의 노래를 부르는데, "비록 무화과나무 잎이 무성하지 못하며 포도나무에 열매가 없으며… 우리에 양이 없으며 외양간에 소가 없을지라도 나는 여호와로 말미암아 즐거워하며 나의 구원의 하나님으로 말미암아 기뻐하리로다."(합 3:17-18)

탄식이 없는 희망은 천박하다. 탄식 없는 희망은 위선이요, 허상이다. 주기도의 희망은 그런 싸구려 위선적인 희망이 아니다. 주기도의 희망은 깊은 탄식 가운데서 나오는 희망이다. 이 땅의 척박한 현실을 충분히 인식하고, 거기서 충분히 탄식하고, 충분히 절망한다. 그러나 그럼에도 불구하고 지금도 살아계신 하나님을 알기에, 거기서 희망을 품는 사람, 그 사람이 바로 주기도인이다.

"하늘에서와 같이 땅에서도!" 주기도의 희망, 비전을 한 문장으로 정리하면 이렇다. 아버지여, 이 땅이 하늘과 같이 되게 하옵소서. 주기도를 원문의 흐름대로 정리하면 다음과 같다.

하늘에 계신 우리 아버지!

　아버지의 이름이 거룩히 여김을 받으소서.
　아버지의 나라가 임하소서.
　아버지의 뜻이 이루어지소서.

　　하늘에서와 같이 땅에서도.

　오늘 우리에게 일용할 양식을 주소서.
　우리의 죄를 용서하소서….
　우리를 시험에 들게 하지 마소서….

주기도의 구조적 중심에 "하늘에서와 같이 땅에서도!"가 있다. 하늘이 어떤 곳이냐? 하나님의 이름이 거룩히 여김을 받는 곳, 그곳이 하늘이다. 하나님 나라가 임한 곳, 하나님의 통치가 구석구석 임한 곳, 하나님의 거룩한 뜻이 삶 구석구석에 임한 곳, 그곳이 하늘이다. 그런데 땅의 현실을 그렇지 못하다. 때로 하나님의 이름이 멸시를 당하고, 하나님의 통치가 아니라, 때로 인간의 욕심이 세상을 다스린다. 땅은 때로 거룩한 하나님의 뜻보다는 속물적인 인간의 욕심이 판을 치는 세상이다. 그래서 주기도인은 간구하기를, 하늘에서와 같이 땅에서도! 아버지여, 우리 사는 이 땅도 하늘과 같게 하옵소서.

비전을 품을 때는 선지자들처럼. 선지자는 먼저 보았기 때문에 선지자다. 먼저 선(先) 자에, 알 지(知), 해서 선지자다. 땅에서 먼저 하늘을 본 것이다. 발은 척박한 땅에 붙이고 있었지만, 장차 임할 아름다운 하늘을 본 사람, 그 하늘을 꿈꾼 사람, 그 사람이 바로 선지자다. 주기도인은 작은 선지자다. 우리 안에 선지자의 비전이 있기를 바란다. 하늘에서와 같이 땅에서도! 땅의 현실에 대한 탄식이 있지만, 그럼에도 불구하고 하늘에서와 같이 땅에서도! 이 비전과 소망이 우리 안에 있기를 바란다. 바로 그 날이 주기도가 내 안에 들어온 날이다.

헌신할 줄 아는 사람

주기도인은 헌신하는 사람이다. 헌신할 줄 아는 사람. 단지 소망을 품는 사람이 아니다. 단지 비전을 품고, 비전이 하늘에서 떨어지기를 기다리는 사람이 아니다. 내 삶의 현장에서 그 비전을 실천하는 사람, 그 비전을 위해 헌신할 줄 아는 사람, 그 사람이 바로 진정한 주기도인이다.

주기도인에게 주기도는 기도문을 넘어 사명선언서다. 내가 살아가야 할 지표요, 삶의 비전이다. "아버지의 이름이 하늘에서와 같이 땅에서도 거룩히 여김을 받으소서." 기도할 때, 주기도인은 스스로 다짐한다. 내가 먼저 이 땅에서 아버지의 이름을 거룩히 여기겠습니다. "아버지의 나라가 하늘에서와 같이 땅에서도 임하소서." 기도할 때, 주기도인은 스스로 다짐한다. 내가 먼저 이 땅에서 아버지의 통치에 순종하겠습니다. 내가 먼저 아버지의 순전한 백성이 되겠습니다. "아버지의 뜻이 하늘에서와 같이 땅에서도 이루어지소서." 기도할 때, 주기도인은 내가 먼저 나의 뜻을 내려놓고 아버지의 뜻을 받아들이겠다고 다짐한다.

주기도인은 땅에서 한 점 하늘로 사는 사람이다. 비록 땅에 살지만, 지금 여기서 한 점 하늘로 살겠다고 다짐하는 사람. 그 사람이 주기도인이다. 혁명가는 아니다. 세상을 갈아엎는 혁명가보다는 오히려 선구자다. 세상보다 한걸음 시대를 앞서가는 선구자. 부족하지만, 내가 하늘 비전의 선구자가 되겠습니다. 하늘이 이 땅에 스며든다면, 내가 먼저 그 틈이 되겠습니다. 하늘이 빗물처럼 이 땅에 임한다면, 내가 그 첫 빗방울이 되겠습니다. 내가 먼저 이 땅에서 한 점 하늘이 되겠습니다. "오늘 우리에게 일용할 양식을 주소서." 기도할 때면, 내가 먼저 나눔의 삶을 살겠습니다. 내가 먼저 용서의 삶을 살겠습니다. 무엇보다 내가 먼저 죄와 악을 멀리하며, 하나님의 백성으로 살겠습니다. 나의 삶을 씨앗 삼아 이 땅도 하늘과 같게 하옵소서.

고백을 품은 사람

마지막으로, 주기도인은 고백을 품은 사람이다. 아니 처음부터 주기도인은 고백의 사람이다. "나라와 권세와 영광이 영원히 아버지께 있사옵나이다!" 주기도의 맨 마지막에 덧붙이듯 첨부된 문장인데, 이 곳이 바로 주기도가 시작되는 발원지다. 주기도인들이 일생 품고 사는 고백이 있으니, 나라와 권세와 영광이 영원히 우리 아버지께 있사옵나이다!

주기도인이 아버지의 나라가 이 땅에 임하기를 기도하는 이유는, 이 땅이 원래 아버지의 나라임을 믿고 고백하기 때문이다. 그 고백이 있기에, 아버지의 통치가 이 땅에 임하기를 간구한다. 주기도인이 아버지의 이름이 거룩히 여김을 받기를 간구하는 이유는, 그게 당연하다고 믿기 때문이다. 아버지의 이름은 원래 거룩하고, 원래 영광스러운 이름임을 믿기에, 간절히 아버지의 이름이 이 땅에서 거룩히 여김을 받기를 기도한다. 주기도는 잘못된 세상을 제대로 돌려놓자는 기도다. 마땅히 아버지께 돌려야 할 권세와 영광을 제자리로 돌려놓자는 기도다. 고백에 기초한 변화를 간구하는 기도다.

무엇보다 주기도인은 하나님이 나의 아버지임을 고백한다. 하늘에 계신 내 아버지여! 비록 죄 가운데 살지만, 내가 하나님의 자녀임을 고백한다. 그 고백이 있기에 하나님을 아버지라 부르고, 그 고백이 있기에 하나님의 일을 마치 내 일인 듯 기도한다. 자녀도 아닌데, 왜 아버지의 이름을 염려하며 기도하겠는가. 자녀이기에, 다른 말로 고백이 있기에 주제넘은 염려도 하고, 고백이 있기에 감당치 못할 비전도 품는다. 무엇보다 고백이 있기에 모든 열쇠를 거머쥐신 하나님께 기도한다.

주기도가 우리에게 임하기를, 나도 주기도인이 되기를 간절히 소망한다. 고백을 품은 탄식, 고백에 기초한 비전, 거룩한 하늘 비전을 향한 뜨거운 헌신. 거룩한 주기도가 우리 안에 임하기를, 하여 우리가 진정한 주기도인이 되기를 소망한다.

생각할 거리들

1. 세상과 교회를 바라볼 때, 나에게도 탄식이 있는가? 특히 나 자신을 바라볼 때, 탄식이 나오는 경우가 있는가?

2. 주기도가 우리에게 던지는 가장 큰 비전은 무엇일까? 주기도를 한 문장으로 요약한다면 무엇일까?

3. 그리스도인(人)을 당신 스스로 정의한다면?
   그리스도를 _____ 사람
   그에 맞추어 주기도인(人)을 당신 스스로 정의한다면?
   주기도를 _____ 사람

에필로그

에필로그

새로운
기도의 여행을 시작하며

짤막하나마 주기도의 여행을 마치고자 한다. 마지막이 자주 새로운 시작을 의미하듯, 어쩌면 지금부터 본격적으로 기도의 여행이 시작된다. 주기도가 우리에게 선물하는 영광과 비전을 가슴에 품고 기도하기를 바란다.

주기도는 우리 신앙의 비전 선언문이다. 주의 제자들이 품고 살아갈 삶의 매니페스토다. 제자들이 주님께 "우리에게 기도를 가르쳐 주소서." 하고 구했을 때, 기도의 방법을 구한 게 아니다. 두 손을 모아야 하는지, 손을 모은다면 깍지를 껴야 하는지 그냥 통으로 포개야 하는지, 기도할 땐 눈을 꼭 감아야 하는지, 무릎을 꿇는 게 좋은지, 그걸 가르쳐 달라는 게 아니었다. 주님을 따르는 제자로서 어떤 비전을 품고 살아야 할지, 그

걸 기도문에 담아주기를 요청한 것이고, 이에 주님은 주기도를 내어주셨다.

"하늘에 계신 우리 아버지여!" 제자는 무엇보다 하나님을 아버지로 모시고 사는 사람들이다. 나의 아버지를 넘어 우리 아버지로 부름은, 아버지 안에서 가족 공동체를 이루겠다는 거룩하고도 야무진 비전의 출발점이다. 아버지의 이름이 거룩히 여김을 받는 세상을 꿈꾸고, 아버지의 통치가 임하고, 아버지의 뜻이 하늘에서와 같이 땅에서도 이루어지는 세상을 꿈꾸는 야심찬 선언문이다. 주께서 주시는 일용할 양식으로 살고, 서로의 죄를 용서하며, 악을 뿌리치며 하나님께 영광 돌리는 삶을 살겠다는 뜨거운 비전을 담고 있다. 그래서 주기도를 받는 가슴은 조금 뜨거울 필요가 있다.

그런데 주님은 우리의 비전을 선언문이 아니라, 기도의 그릇에 담아주셨다. 우리의 힘으로 이루어질 수 있는 비전이 아니기 때문이다. 내 힘으로 이루어질 비전이면, 아버지의 뜻이 하늘에서와 같이 땅에서도 이루어지게 하겠습니다! 충성! 이랬겠지만, 주기도는 그저 겸손히 구하기를, 아버지의 뜻이 하늘에서와 같이 땅에서도 이루어지소서. 물론 그 이면에는 나도 아버지의 뜻이 이루어지도록 힘쓰겠습니다! 하는 다짐과 결단도 들어있다. 다만 다짐하되 기도 안에서 다짐하고, 결단하되 주의 도우심 안에서 결단한다. 우리는 연약한 인간이기 때문이다.

축도자가 없을 때 자주 주기도로 예배를 마무리하는데, 지금 생각하면 참 지혜로운 선택이다. 예배를 떠나 삶의 현장으로 나아가면서, 가슴에 우리 신앙의 비전을 새기는 과정이다. 주의 도우심으로 아버지의 이름이 거룩히 여기는 세상을 구현하겠습니다. 주의 도우심으로 아버지의 나라가 임하는 데 힘쓰고, 아버지의 뜻이 이루어지도록 애쓰겠습니다. 오직 주님을 의지하며, 서로를 용서하며 살겠습니다. 이 거룩한 주기도가 우리에게 임하기를 소망한다. 아니, 우리가 주기도 안으로 풍덩 들어가기를 바란다.